孩子也能懂的前沿科技

超燃新科技

大视野科普
易乐文 ｜著绘

U0754978

机器人

湖南少年儿童出版社·长沙
HUNAN JUVENILE & CHILDREN'S PUBLISHING HOUSE

如何阅读这本书

搞定一关又一关，迈向更高阶！

我是和大家一样朝气蓬勃的新时代少年！

我是带领你们迈向更高阶的神秘存在！

第二关

制造机器人所需的科学技术是什么？这些技术如何应用于机器人？

第一关

机器人是什么？机器人是如何发展起来的？

概念

我们将探讨人类从何时开始想象机器人，以及人类是如何一步一步制造出机器人的。通过这些探索，我们一起来了解机器人究竟是什么。

在这一关，我们将了解制造机器人所需的科学技术。例如传感器是如何工作的，人工智能在其中扮演着什么角色，电池技术为什么如此重要以及自动驾驶技术与机器人发展之间的关系等。

技术

"更高阶"是什么意思？
这意味着"不可比拟的，更好、更先进的……"
换句话说，就是更高的一个层次！
与书中的"我"一起，完成基础关，
迈向机器人领域的更高阶吧！

第四关

第三关

未来我们将与
机器人共存，
可能出现哪些
问题？我们应
该如何应对这
些问题？

让机器人踢足球的
原因是什么？为什么
要制造人形机器人？

通过为了推
进机器人技术
的发展而举办的
世界机器人足球大
赛，可以理解制造人形机器
人的原因。同时，我们还会
了解到机器人可以根据需求
被制造成各种不同的形态。

产业

未来，我们将与机器人
共同生活，那时我们的生
活将会与现在有很大不同。
让我们一起来想象有
哪些不同，并思考
由此产生的问
题以及该如
何解决。

未来

目 录

和机器人一起生活的数字化时代

我们是厨师!

如今，几乎每天都有关于机器人发展的消息传来。曾几何时，刚刚学会走路的人形机器人，如今已经能够大步奔跑，甚至能做翻滚动作。它们对人类的语言理解得越来越好，能够察觉人类的需求，并自主完成任务。

机器人技术的发展速度如此之快，按这样的速度，当你们长大进入职场时，现在由人类完成的许多工作可能都会由人形机器人来承担。

如果你们正在为未来的工作做准备，而这些工作在未来可能将由机器人来完成，那么你们将要如何应对呢？就有可能像 21 世纪之前的人们当年没有预见到计算机的普及，热衷于学习珠算一样。为了迎接未来，你们现在应该做哪些准备，学习什么技能呢？

当机器人广泛应用于日常生活时，我们很难预测从事什么工作是最好的。不过，有一点是明确的，那就是未来的情况将会与现在大相径庭。即便如此，你们也不能就此自暴自弃。如果能够尽可能准确地预测未来并做好准备，你们就能创造更美好的未来。那么，如何才能准确地预测未来呢？也许从回顾过去和把握现在入手，会是一个好的起点。

　　通过阅读这本书，你们可以了解机器人的发展历程，并掌握当前的机器人技术。在本书的最后部分，我们设计了一个环节，让大家可以畅想未来，制订自己的梦想，并深入思考未来的各种可能性。希望这本小书能成为你们实现大梦想的起点。

在词典中，机器人通常被定义为"自动执行某项任务或操作的机械装置""像人类一样走路和说话的机械装置"。

然而，如果按照这样的定义，电梯这样的机械装置也可以被称为机器人，像人一样会走路和说话的机械玩具也可以被称为机器人。

但我们通常不会称这些机械装置或玩具为机器人。

那么，究竟什么才算是机器人呢？

让我们来探讨一下机器人的发展过程，并一起思考什么才是机器人吧。

机器人，请亮出你的真实身份！

我们是厨师！

机器人是想象的产物？

今天，我们就从周穆王的故事开始说起吧。

我是周朝第五代天子，穆王！

周朝始于三千多年前，是统治中国七百多年的一个王朝。

一天，一个叫偃师的人求见周穆王。

此木偶能歌善舞，特献予王。

此话当真？

木偶如何能歌善舞？

偃师没有撒谎。

木偶居然能像人一样歌舞！偃师此人……

不仅如此，木偶还会说话。

夫人美若天仙！

夫人，可否与小人共进晚餐？

天哪，好神奇！

周穆王勃然大怒，大声斥责偃师。

> 偃师一定是个骗子！
> 这不是木偶，分明是人，
> 里面一定藏了一个人！

见周穆王不信，偃师当场将木偶拆散。

> 这不是人！
> 真的只是
> 木偶！

> 是供人娱乐的
> 木偶！

> 哇！能说话，还能唱
> 歌跳舞的木偶？这
> 不就是机器人嘛！

> 没错！就像现
> 在的聊天机器
> 人和陪伴机器
> 人一样。

赫菲斯托斯是奥林匹斯十二主神之一，是火与锻造之神。

用火将铁烧红，可以锻造任何东西。所以，锻造和火是密不可分的！

阿喀琉斯的盔甲
→

赫菲斯托斯的作品

赫利俄斯的太阳马车
←

束缚普罗米修斯的坚不可摧的铁链
↘

赫菲斯托斯的另一项发明是塔罗斯。
塔罗斯是一个由青铜制成的巨人。

完成了！

青铜？那不是制造硬币的金属吗？用金属做的巨人……

时速 200 多千米，那不是快接近飞机起飞时的速度了吗？！

我起飞时速度非常快，是每小时 250 到 350 千米呢！

哇！真是快得惊人哪！

当敌船出现时，塔罗斯就会投掷石头或者用火攻击。

从眼睛里喷火？那简直像激光啊！

打倒塔罗斯的方法只有一个。

塔罗斯的身体从头到脚都是连成一体的，里面流动着液体。但是，如果拔掉脚后跟上的钉子……

就像人流血一样！

我们可以这样理解，机器人的燃料或电流流失，导致了动力的丧失。

像这样，人类在3000年前就展开了对机器人的想象。

是不是说，机器人的发展始于想象呢？

当然啦！

这个嘛，如果你了解一下"机器人"这一名称的由来和基本概念的形成，可能就能回答这个问题了！想知道吗？

卡雷尔·恰佩克和艾萨克·阿西莫夫

"机器人"（Robot）这个词首次出现是在1920年。捷克斯洛伐克的剧作家卡雷尔·恰佩克（1890—1938）写了一部名为《罗素姆万能机器人》（*Rossum's Universal Robots*）的戏剧。在这部戏剧中，首次出现了"robot"这个词（卡雷尔·恰佩克将捷克语"robota"写成了"robot"），这正是英语中"robot"一词的来源。

在捷克语中，"robota"意为"劳役"，在过去的君主统治时期，这是一种国王强迫人民无偿工作的形式，一种强制性的无偿劳动制度。

在这部戏剧中，机器人是由科学家罗素姆制造的，是用来代替人类进行工作和战争的人形机器。就像百姓们必须服从国王的命令进行劳役一样，机器人也必须按照人类的命令进行工作。

当时正处于资本主义快速发展的时期，每家工厂里都有大量工人像机器一样工作。他们每天工作 15~18 小时，以此勉强维持生计。此外，这一时期刚刚经历了第一次世界大战，许多人在战争中失去了生命。因此，人们心中开始渴望有一种可以代替他们完成这些辛苦劳动和恐怖战争的存在。机器人正是人们这种内心愿望的反映。

人们梦想着出现能够代替人类工作和打仗的机器，而这种机器就是机器人。

机器人在之后的许多文学作品中也出现了。

其中的代表作是艾萨克·阿西莫夫的《我，机器人》（*I, Robot*）。

《我，机器人》是一本短篇小说集，讲述了未来社会中人类和机器人共同生活时可能出现的问题。这本小说集之所以著名，部分原因是它提出了"机器人三原则"。"机器人三原则"是小说中机器人必须遵守的原则，实际上也是机器人制造者在编程时必须包含的基本命令。

艾萨克·阿西莫夫（1920—1992）

　　美国化学家和生物化学教授，同时也是一位作家。他与亚瑟·克拉克、罗伯特·海因莱因一起，被誉为"三大科幻巨匠"。

机器人三原则

第一条：机器人不得伤害人类，或看到人类受到伤害而袖手旁观。

第二条：机器人必须服从人类的命令，除非这条命令与第一条相矛盾。

第三条：机器人必须保护自己，除非这种保护与以上两条相矛盾。

"机器人三原则"之所以出现，是因为在阿西莫夫写作《我，机器人》的时期，计算机问世了，对人工智能的研究也开始了。

科学家们认为，通过计算机和人工智能程序，可以创造出像小说中的机器人一样，能对外部环境做出反应，并像人类一样行动和思考的机械装置。

这种想法被反映在了小说中。

当然，机器人不仅仅存在于小说中。实际上，很久以前，人们就已经开始制造代替人类工作的机械了。

　　尤其是在 18 世纪，随着蒸汽机的发明、工业革命的到来，以及电力的使用，许多自动运转的机械装置被开发出来。这些机械的成功开发使人们有信心去制作机器人。

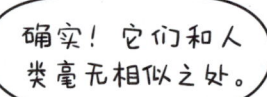

各种各样的自动机器

　　左上的照片是自动纺织机。另外两张照片你肯定知道，就是洗衣机和电梯。这些机器代替了人类的工作。然而，这些机器并不能被称为机器人。

20 世纪中叶，随着计算机的发明和人工智能研究的兴起，人们期待满满，相信能够制造出能听懂人类语言并准确执行指令的机器人。

尤其是在 1948 年，神经生理学家威廉·格雷·沃尔特（1910—1977）制造了名为"埃尔默"和"埃尔西"的机器乌龟，这让人们感觉小说中的机器人即将成为现实。

© wikimedia

© Smithsonian Americanhistory.si.edu

威廉·格雷·沃尔特制作的机器乌龟的复制品

威廉·格雷·沃尔特在这些机器乌龟上安装了光传感器，使其能够跟随光线移动。同时，还在它们的身体上装了其他传感器，使其在碰到障碍物时能够停下或后退。当电池即将耗尽时，它们会自动寻找充电站进行充电。这样，能够像人一样对外部环境做出反应并移动的机器诞生了。

但是，具有人类智能的机器人，也就是配备了计算机和人工智能的机器人，直到埃尔默和埃尔西问世 20 多年之后才出现。

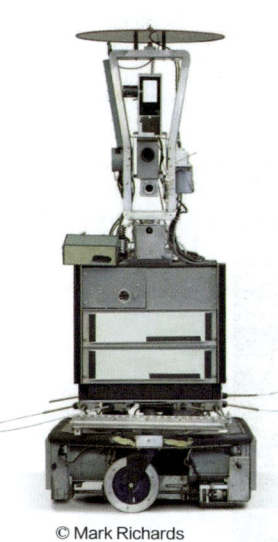

首个搭载人工智能的机器人"摇摇"（Shakey）

1966 年到 1972 年间，由美国斯坦福国际研究所制造。摇摇通过各种传感器识别周围的障碍物并执行命令。

© Mark Richards

然而，摇摇与小说中的机器人仍相距甚远。

尽管它被称为搭载了人工智能的机器人，但实际上人工智能并不在摇摇的身体内部，而是在一台占据了整个房间的庞大计算机中。

这台计算机通过无线通信与摇摇连接，因为计算机太大，无法放置在摇摇的身体里。

这台计算机不仅体形巨大，处理命令的速度还非常慢。

比如说，执行"把红色积木搬到隔壁房间"这样的简单指令，竟然需要半天的时间。

这样的机器人能有什么用呢！既不能给人们带来乐趣，也不能代替人类工作。

没错！

但是，制造机器人需要多个领域的尖端技术。

首先需要最先进的机械制造技术，还需要可以控制这些机械的计算机技术和作为机器人大脑的人工智能技术。

除此之外，还需要许多其他技术。而在当时，这些技术还不足以推动我们想象中的机器人发展！

工厂里的机械臂

那些想要制造机器人的人将精力投入到制造机器人所需技术的研发中。

同时，他们将目光转向了工业，尤其是制造业领域。

在工厂里，人们进行着大量的工作。

于是，他们开始在其中寻找机器人可以代替完成的工作。

当时的工厂几乎都是依靠流水线系统运作的。

流水线系统是指传送带不停地运转，输送零件和产品到各个工位，然后工人们完成自己负责的工作的系统。

流水线系统

使用传送带的生产方式最早是由美国福特汽车公司开始的。

流水线系统将生产过程细分成非常小的部分进行分工。

在这个系统中，工人们需要不断重复执行特定的工作。

　　例如，在制造汽车的工厂里，有的工人只在冲压车门的机器前冲压车门，有的工人则只在冲压车轮的机器前冲压车轮，并将它们放在传送带上。放在传送带上的车门和车轮会被送到下一环节的工人手中。

在下一道工序中，一些工人把车门装到车身上并拧紧螺丝，另一些工人则把轮子安装到车身上并拧紧螺栓。

通过将产品制造过程分成多个工序，并让工人们在自己负责的工序中重复工作，工厂能够在短时间内生产出大量的产品。

制造能够完成这种工作的机器人并不难，因为机器人不需要移动，只需要站在传送带前代替工人。

而且，只需要让它重复相同的动作，所以这种机器人的制作和编程都相对简单。

因此，科学家们制造了机身上只有手臂的机器人，称之为机械臂，或者叫作"尤尼梅特"（Unimate）。

1961 年，美国通用汽车公司在自己的工厂中引入了尤尼梅特。

这台尤尼梅特的工作是从模具中取出金属铸造的汽车车身，将其移至冷却水中冷却，然后放到传送带上。

有了尤尼梅特，工人们被灼热的金属烫伤的事故大大减少了！

1969年，通用汽车公司正式将尤尼梅特投入工厂使用。

通过在尤尼梅特的机械臂上安装不同的装置，并稍微更改程序，它还能执行其他工作。

© 亨利·福特汽车博物馆

© 美国通用汽车公司

最早的工业机器人：尤尼梅特

上面的第一张图是美国通用汽车公司引入的首台尤尼梅特，第二张图是之后引入的尤尼梅特。它们的外形相似，但机械臂的形状不同。尤尼梅特的机械臂如果装上夹具，就可以用来抓取或搬运物品；如果装上焊接机，则可以进行焊接；装上喷涂机的话，还能进行喷涂作业。

尤尼梅特的表现非常出色。

一台尤尼梅特就能完成 10 名熟练工人的工作。

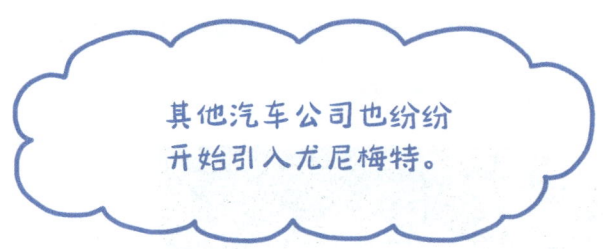

其他汽车公司也纷纷开始引入尤尼梅特。

虽然最初引进尤尼梅特需要一笔不菲的费用，但尤尼梅特不需要支付月薪或奖金，而且可以全天 24 小时、一年 365 天不间断地工作。

相比雇用工人，使用尤尼梅特要经济得多。

而且，尤尼梅特能够胜任处理高温部件或喷涂等容易对人造成伤害的工作。

它不会忘事，不会犯错，也不会抱怨和发牢骚。

因此，各大汽车公司纷纷引进了尤尼梅特。

像尤尼梅特这样在工厂中代替工人工作的机器人被称为工业机器人。

20世纪70年代，工业机器人得到了广泛的研究和开发。

除了在汽车工厂使用的机器人，科学家们也开始开发能够在其他工厂中使用的工业机器人。

进入20世纪80年代，随着计算机和编程技术的发展，工业机器人能够执行更加多样化和精密的工作。

© REIS

六轴多关节机器人

通过多个关节，可以上下、左右、前后六个方向移动。也就是说，它可以在我们所处的三维空间中朝任何方向移动。因此，它能做很多事情，是使用范围很广泛的工业机器人。

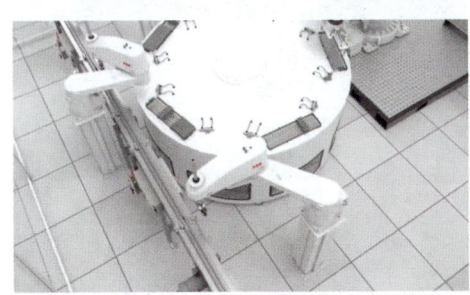

© ABB

组装电子产品的工业机器人

这种工业机器人利用能够上下左右移动的机械臂来组装电子产品。

使用这种工业机器人可以组装像电子产品这样相对较小的商品。

哇！它可以组装这么小的产品，确实非常精细呀！

之后，工业机器人得到了进一步的发展，出现了可以利用轮子或履带移动的机器人，还出现了大量配备摄像头等传感器的"有眼睛的机器人"。

这些机器人的出现，使得工业机器人的利用率更高了。

机器人不仅可以生产产品，还能寻找、分类和运输物品，甚至还可以负责工厂的安保工作，它们能够胜任的工作变得越来越多。

无人工厂

由于各种工业机器人的发展，出现了机器人负责所有工序的工厂。照片展示的是机器人负责所有工序的半导体工厂。

这样的机器人在其他领域也逐渐得到了应用。

© TELEDYNE FLIR

进入农场的机器人

随着工业机器人配备上"眼睛"并能够移动，它们开始被用于农场。要在果园里采摘水果，机器人不仅需要移动，还需要能够分辨成熟和未成熟的果实。

进入战场的机器人

有"眼睛"的可移动机器人在战场上也发挥了重要作用。它们负责侦察敌情或进行爆炸物搜查等任务。

© 美国航空航天局

机器人代替人类进行的工作越来越多了！技术应该得到了不小的发展吧？

进入太空的机器人

机器人还飞向了太空。探测器"火星探路者"号上搭载了名为"索杰纳"的机器人。1997年，索杰纳在火星着陆，并将火星的照片传回地球。此后，多个机器人被送往火星执行任务。此外，机械臂还在太空中代替宇航员修理航天器或空间站。

为什么需要
像人类一样的机器人?

在制造和发展工业机器人的过程中，许多技术取得了进步。

同时，研究人员也在继续研究双足行走的、像人一样的机器人。

机器人专家的最终目标是创造出类似人类的机器人，也就是人形机器人（Humanoid Robot）。

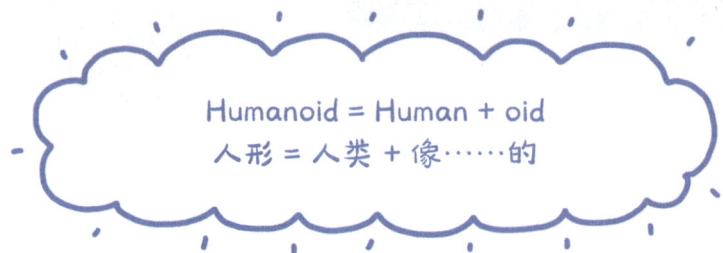

Humanoid = Human + oid
人形 = 人类 + 像……的

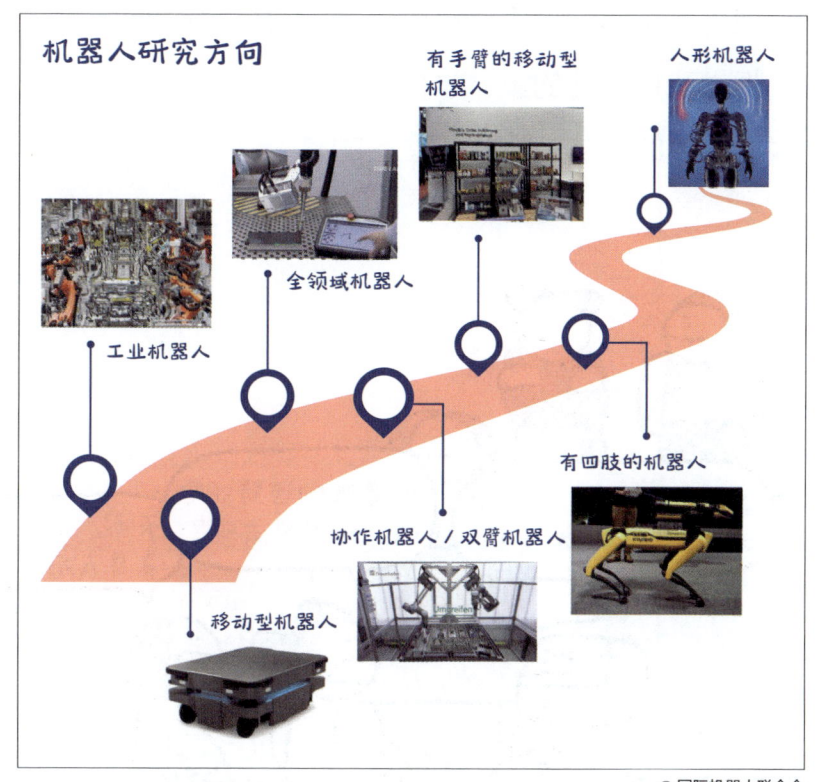

机器人研究方向

有手臂的移动型机器人

人形机器人

全领域机器人

工业机器人

有四肢的机器人

协作机器人 / 双臂机器人

移动型机器人

© 国际机器人联合会

为什么要制造与人类相似的机器人呢?

人类所做的事情非常多样化。

工业机器人只能执行工厂里的一些特定任务。

然而，我们想要制造的机器人不是仅能做一两件事，而是能够执行多种任务的机器人。

但人类生活的世界是按照人类的身体来设计的。

想想我们生活的家、学校、办公室、工厂等空间，都是根据人体的尺寸来设计和建造的。

不仅仅是空间，这些空间里的家具和电子产品，以及我们使用的各种工具等，也都是根据人的体形和身体功能来设计和制造的。

因此，只有把机器人做得像人类一般，它们才能在现有的空间中与我们一起生活并执行各种任务。

机器人只有像人类一样，才能在我们居住的房屋和工作的场所中活动，以及得心应手地使用所有我们已经在用的物品。所以，我们才需要继续研究人形机器人。

制作像人类一样的机器人的第一步是开发能够像人类一样用两条腿行走的机器人。

1973 年，日本早稻田大学开发出了首个具备这种能力的机器人——WABOT-1。

WABOT-1 不仅能用两条腿行走，还能回答简单的问题。

1984 年，WABOT-2 问世了，它甚至能够边看乐谱边弹钢琴。不过，它的动作还处于非常基础的水平。

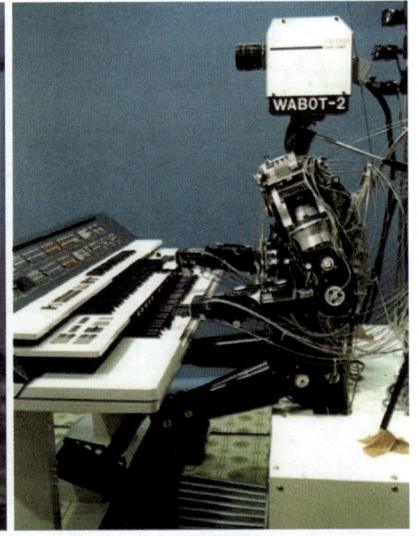

© 早稻田大学人形机器人研究所

WABOT-1 和 WABOT-2

左边的是 WABOT-1，右边的是 WABOT-2。虽然它们能够用两条腿行走，但看起来离"人形机器人"这个称呼还有点差距。不过，它们为后来人形机器人技术的发展奠定了基础。

真正可以称为人形机器人的是 2000 年由日本汽车公司本田推出的"阿西莫"（ASIMO）。

阿西莫能够以每小时 1.6 千米的速度行走。

到 2005 年，阿西莫已经可以以每小时 2.7 千米的速度行走，并能以每小时 6 千米的速度奔跑。

到了 2011 年，阿西莫进一步升级，能够以每小时 9 千米的速度奔跑，还能爬楼梯，并能通过动作表达情感。

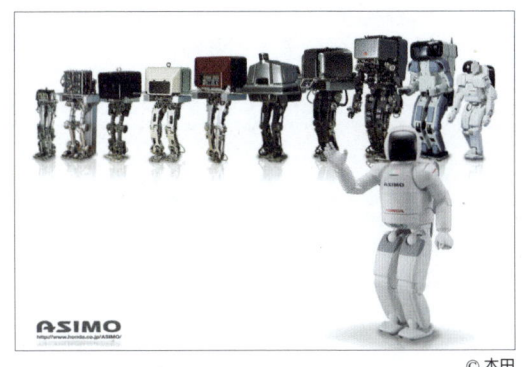

©本田

阿西莫的诞生

人形机器人阿西莫的发展经过了几十年的时间。本田公司从 1986 年开始开发阿西莫。照片中最左侧的机器人是为了开发阿西莫而制作的最初的双足行走机器人。而这个机器人最终发展成为最初的人形机器人阿西莫，也就是照片最右侧的机器人。

从外观上看，确实可以说它是人形机器人！不过，阿西莫可以代替人类做哪些事情呢？

2011 年 3 月，海啸袭击了日本福岛，导致了核电站爆炸事故。

顶尖的机器人被紧急派往现场。

在这场事故的极端情况下，这些机器人发挥了什么作用呢？

通过这些机器人的表现，机器人专家们又从中得到了什么启示呢？

让我们来看看这一过程，并了解为了进一步发展机器人，还需要哪些关键技术吧。

制作机器人的技术

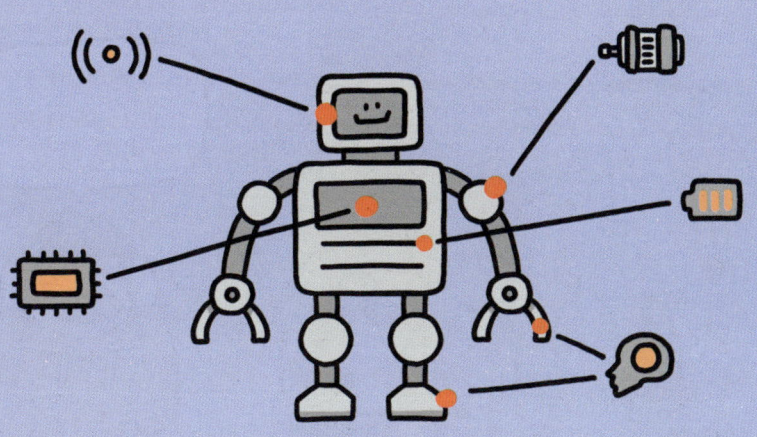

重新开始!

2011 年，世界笼罩在恐惧之中。

日本福岛的核电站所在区域发生 9.0 级地震并引发海啸，核电站遭受冲击。

核电站发生了核辐射泄漏!

核电站爆炸了! 这可如何是好?

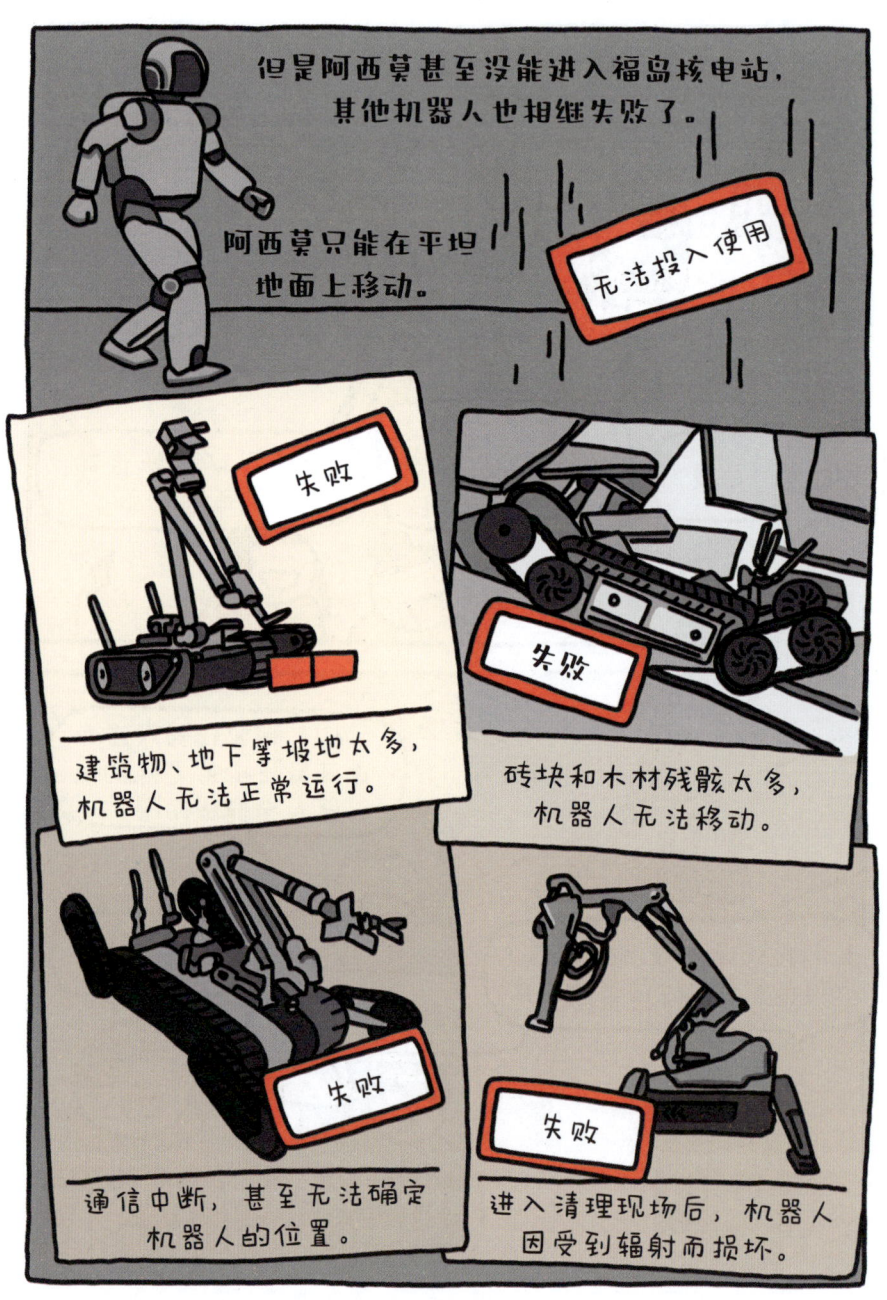

但是阿西莫甚至没能进入福岛核电站，其他机器人也相继失败了。

阿西莫只能在平坦地面上移动。

无法投入使用

失败

建筑物、地下等坡地太多，机器人无法正常运行。

失败

砖块和木材残骸太多，机器人无法移动。

失败

通信中断，甚至无法确定机器人的位置。

失败

进入清理现场后，机器人因受到辐射而损坏。

达尔帕提出了 8 项任务。

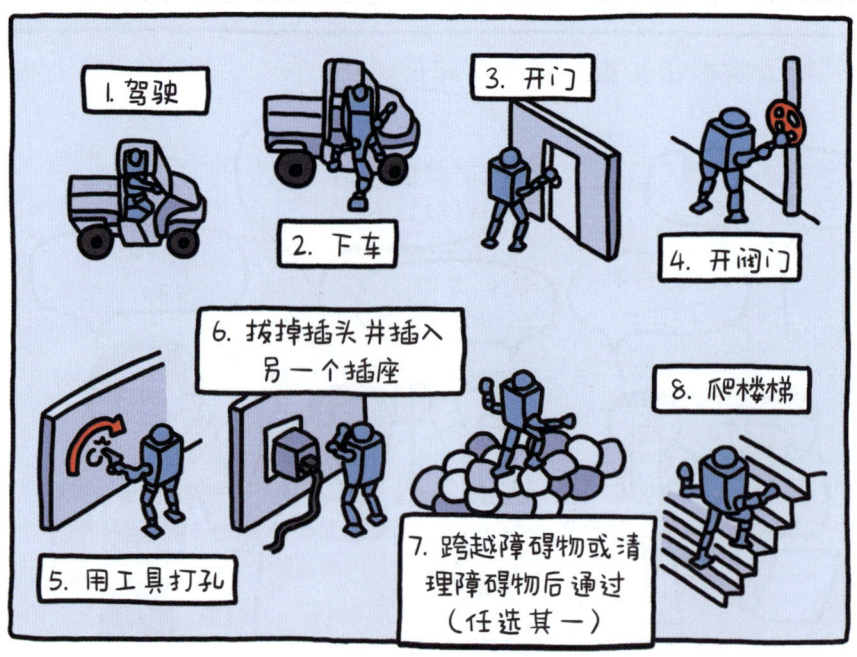

达尔帕之所以提出8项任务，是因为这些任务对推动机器人技术的发展至关重要。

机器人必需的技术

识别
利用传感器收集外部信息

判断
根据收集到的信息和任务的相关性制订操作计划

操作
根据处理器的指示进行操作

我们用开车来举例吧。

判断
决定如何控制汽车的方向盘和油门等，以保证顺利行驶。

识别
识别汽车的方向盘、油门和道路情况、障碍物情况等。

操作
根据判断驱动手和脚。

很多对人类来说易如反掌的事情，对机器人来说却很困难。

制作机器人所需的技术

人形机器人是如何制作的呢?

人形机器人基本上是由以下部分组成的。

结构部件是指组成机器人结构的部分，如躯干、腿、手臂、手等。通过组装这些部件，构成机器人的形态，并在其中安装驱动器、控制器、电池和传感器等。

驱动器是一种马达，它安装在机器人的手臂、腿等可移动的部位，而如何以及在哪里安装驱动器决定了这些部位的活动方式和范围。

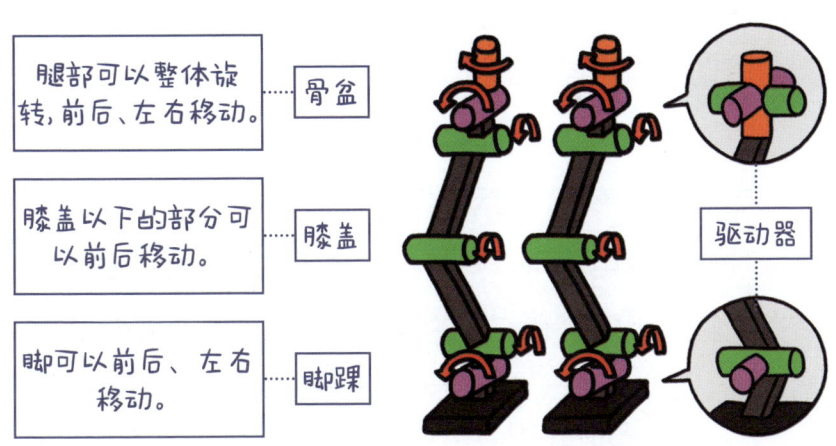

安装了驱动器的机器人腿

像图中那样安装 6 个驱动器的话，机器人的腿就可以像我们人类的腿一样移动了。

驱动器和传感器通过电路相连接。

传感器安装在机器人的头部、躯干、手、脚等部位，能够感知光线、声音、图像、气味、物体等。

它们就像是机器人的眼睛、耳朵和鼻子。

传感器还负责帮助机器人保持平衡，防止摔倒。

传感器和控制器也是通过电路连接的。

控制器是一个计算机系统，负责分析传感器发送的信号，制订驱动器的移动位置和速度等计划，并向驱动器发出指令。

驱动器执行控制器的命令，机器人就动起来了。

电池为传感器、驱动器和控制器提供电力。

控制器或电池可以安装在机器人的躯干上，也可以安装在大腿、手臂等有空位的地方，只要不影响机器人的平衡就行。

把结构部件、驱动器、传感器和控制器通过电路连接起来，然后组装，这样就完成了吗？制作机器人……似乎不是很难哪！

但是，光是让机器人靠双腿站立就不是一件简单的事情。

如果你玩过人形的玩偶，你就会知道，像人类一样有两条腿的人偶，站立起来是多么困难。

所以椅子、桌子、汽车都是四条腿，或者至少是三条腿。这样就不需要特别努力去保持平衡，只要放置好就能站立起来。

© 韩载权

让机器人像人一样站立不容易！

观察人形机器人，你会发现，它们大多膝盖向前突出或腰部略微弯曲。为什么会这样呢？因为像人一样直挺挺地站立是很困难的，所以研究人员选择了弯曲的姿势作为折中方案。

让机器人走路就更困难了。

走路意味着先用一只脚踩住地面，身体向前倾斜，在适当的时刻抬起另一只脚再落下，然后重复这个动作。

在这个过程中，我们的关节、骨骼和肌肉会协调运动，帮助身体保持平衡，这样我们就不会摔倒了。

婴儿在学习站立和走路的时候经常会摔倒，就是因为他们还没有充分学习和掌握如何保持身体的重心。

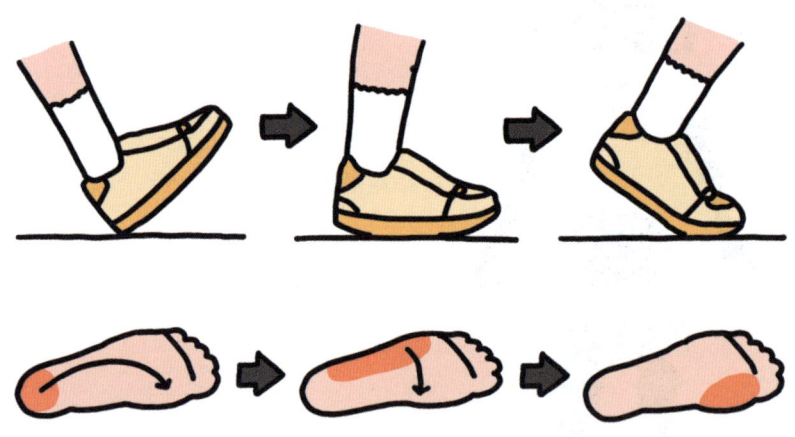

走路的时候重心移动

我们走路的时候，身体的重心会根据前进的方向整体移动。不然，我们就会摔倒。

婴儿可以通过练习学会走路，但要让人形机器人学会走路，需要计算走路时每一刻的重心，并让机器人的身体根据这些计算进行移动。

但人类不只会向前走，也会像螃蟹一样横着走，还会向后走或斜着走。

有时候用小步子走，有时候迈大步走。

而且，人类走路时不一定是空着手的，还会拿着各种东西，比如抱着球、背着包、撑着伞等。

人类走的路并不都是平坦的，而是多种多样的，比如有铺着砖块的路、鹅卵石路、沙滩、混合着石头和沙子的路、泥泞的道路等。

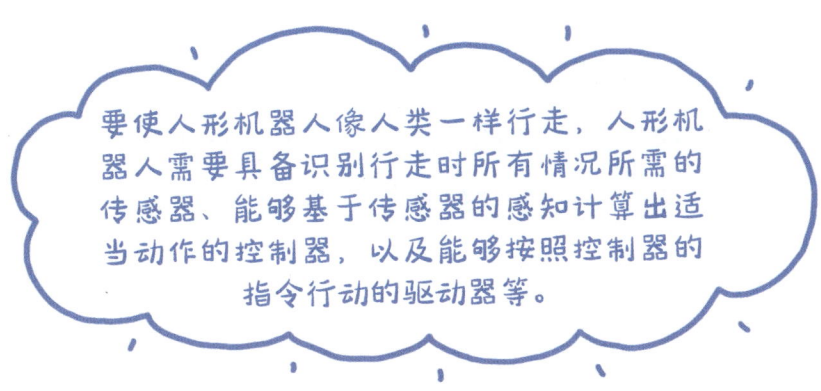

要使人形机器人像人类一样行走，人形机器人需要具备识别行走时所有情况所需的传感器、能够基于传感器的感知计算出适当动作的控制器，以及能够按照控制器的指令行动的驱动器等。

要让人形机器人像人类一样工作，走路只是第一步。

人类在工作时主要使用的是双手，不是吗？

人类在使用双脚走路的同时还能使用双手，并且通过双手制造工具，从而与动物区别开来。

因此，机器人要代替人类工作，就必须像人类一样灵活地使用双手。

然而，制造像人手一样的手比制造像人腿一样的腿更为复杂。

我们每只手有 5 根手指，每根手指都有 2 到 3 个关节。

手的动作还受到手腕、肘部和肩膀的影响。

让机器人的腿像人类的腿一样活动，只需要考虑 3 个关节，但要让机器人的手像人类的手一样活动，就必须考虑手和整个手臂的关节，需要考虑 10 个以上的关节。

这些关节要装上驱动器，并将驱动器与传感器连接，再通过与传感器连接的控制器计算各个驱动器的动作并发出指令，驱动器再执行这些指令。天哪，这真是个大工程！

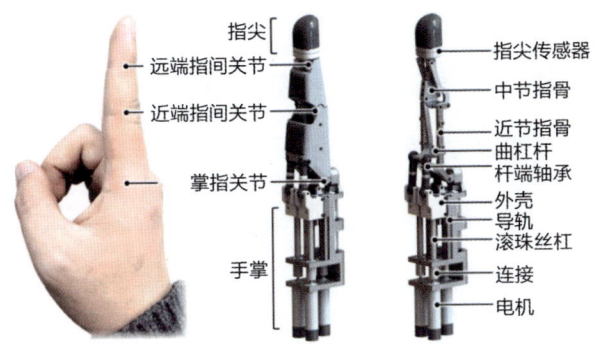

指尖
远端指间关节
近端指间关节
掌指关节
手掌

指尖传感器
中节指骨
近节指骨
曲杠杆
杆端轴承
外壳
导轨
滚珠丝杠
连接
电机

© Integrated linkage−driven dexterous anthropomorphic robotic hand

U Kim, D Jung, H Jeong, J Park, HM Jung, J Cheong, HR Choi, H Do, C Park

Nature communications, 2021 · nature.com

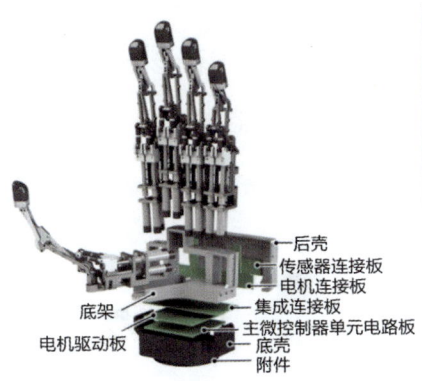

后壳
传感器连接板
电机连接板
集成连接板
主微控制器单元电路板
底壳
附件
底架
电机驱动板

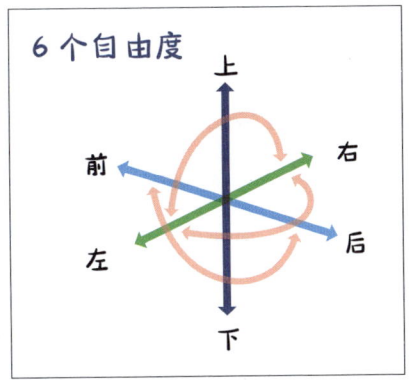

6 个自由度

上
前
右
左
后
下

人类的手和机器人的手

　　看一看这个与人类手指结构几乎相同的机器人手指吧。一根手指就有 2 到 3 个关节，要把机器人的手制造得像人类的手一样，仅仅一只手就需要 10 个以上的关节，这样它才能拥有足够的自由度，才可以像人类的手一样灵活地移动。简单来说，自由度就是可移动方向的数量。之前提到的机器人的腿有 6 个自由度，也就是可以像上面右下方的图一样移动。如果有充分的自由度，你可以想象机器人的手能多么自由地移动吗？但是，自由度越多，意味着需要控制的驱动器就越多。正因为控制手非常困难，所以有些人形机器人只有 3 根或 4 根手指。通过减少手指的数量，可以减少需要控制的驱动器数量。

但是，我们的手所做的动作非常精细。

即使是同样的抓握动作，握铲子去铲土时和用叉子吃饭时，抓握的方式和力度也是不同的。

即使是同样用手指捏起物品，在溪边捡起石头时和从冰箱里拿出鸡蛋时，施加在石头和鸡蛋上的力度也是不同的。

即使是同样的握手动作，与 3 岁小孩握手时和与 25 岁青年握手时，握住对方手的力度也是不同的。

即使同样是牵孩子的手，平常走路时和在孩子突然冲向马路将其拉回来时，牵拉的力道也是不同的。

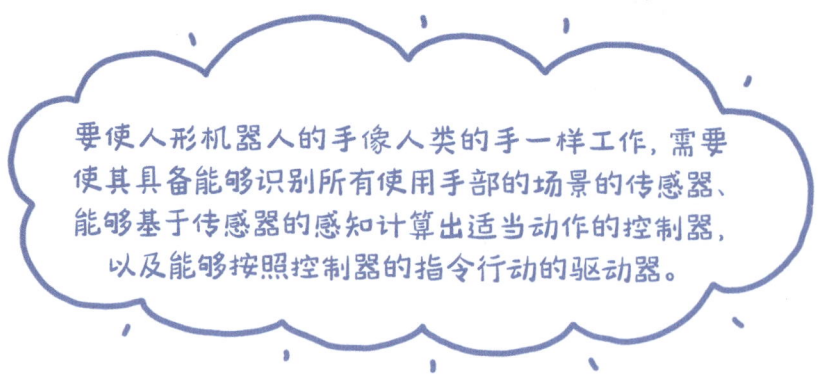

要使人形机器人的手像人类的手一样工作，需要使其具备能够识别所有使用手部的场景的传感器、能够基于传感器的感知计算出适当动作的控制器，以及能够按照控制器的指令行动的驱动器。

简而言之，要制造人形机器人，需要性能与人类感官一样好的传感器，与人类大脑一样强大的控制器，以及能像人类的手一样精细运动的驱动器。

幸运的是，随着人工智能的发展，通过传感器感知的信息来让控制器识别物体的技术已经取得了很大的进步。

驱动器的性能也在不断提升，人形机器人的动作越来越精细，已经出现了能够用手指抓住鸡蛋的人形机器人。

电池技术也会越来越好。虽然现在的大多数电池充电1次只能运行1个多小时，但充电1次就能运行10小时、20小时的电池很快就会出现！

机器人里有人工智能！

机器人的发展需要许多技术，其中最重要的可能就是人工智能技术。为什么这么说呢？

因为机器人是为了代替人类工作而制造出来的。

如果机器人要像人类一样工作，就需要像人类一样说话和行动。

而机器人要做到像人类一样说话和行动，需要什么呢？

就要有像人类一样的大脑，也就是智能。

因此，我们需要赋予机器人与人类大脑相似的智能，而这一任务正是由人工智能来完成的。

2022 年，随着 ChatGPT 3.5 的出现，机器人智能也迎来了飞跃性的发展。

GPT 是 Generative Pre-trained Transformer 的缩写，意思是"生成式预训练模型"，通常被称为 ==生成型人工智能==。

生成型人工智能的出现既得益于机器学习、深度学习等人工智能学习方法的发展，也得益于足够的学习数据。

由于互联网和智能手机的发展，每时每刻都有大量的文本、图像、视频等数据涌现出来。

机器学习，深度学习，生成型人工智能与数据的关系，我在《人工智能》里已经学过了！

生成型人工智能最早出现的领域是聊天等对话类应用。
它的工作方式是输出文本进行问答或对话。
典型的程序就是 ChatGPT、Deepseek。

比如，当你输入"告诉我关于'兵圣'孙武的故事"时，ChatGPT、Deepseek 就会基于所有互联网页面上关于孙武的文本内容，为我们提供相关信息。
ChatGPT、Deepseek 的数据来源是这个世界上几乎全部的网页。
当然，它们并不是直接把网页内容提取出来，而是生成后再展示给我们，这就是为什么称它们为"生成型人工智能"。

像 ChatGPT、Deepseek 这样的生成型人工智能正逐步发展到语音识别领域。
生成型人工智能可以学习这个世界上所有的语音文件，然后实现对语音提问的语音回答，或者将文字转化为语音进行对话。

如果将这种生成型人工智能安装在机器人上，会怎么样呢？

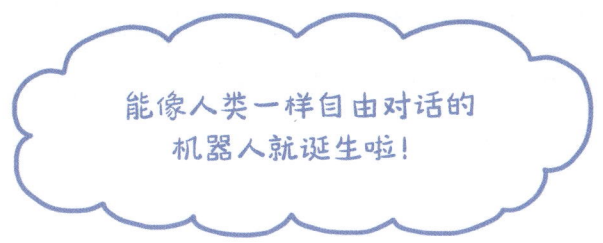

能像人类一样自由对话的机器人就诞生啦！

生成型人工智能的厉害之处在于，数据越多，它就越精确。

能够说话的机器人如果与人类交谈得越多，就会变得越擅长对话。

不仅如此，如果它持续与某个人对话，还可以学习到那个人的语气，了解那个人喜欢和讨厌的词语，从而与那个人进行更加亲密的交流。

正如人们会逐渐模仿周围人的语气和语言一样，机器人也会学习它周围人的语气和语言！

生成型人工智能不仅能让机器人开口说话，目前，通过对图像、视频等非语言数据进行学习，它还能同时学习语言与图像、语言与视频，从而生成新的图像和视频。

用这种生成型人工智能制作的图像和视频，精细到几乎无法与现实区分开来。

在东京市中心行走的女子

这是生成型人工智能根据"请制作一个穿着红色连衣裙、戴着太阳镜的女性在东京市区散步的视频"这一命令制作的视频中的一帧截图。是不是看起来像真的一样？

我们还可以用这种生成型人工智能来训练机器人。

举个例子，假设现在要教机器人做饭。

我们让人工智能通过机器学习和深度学习，了解所有与烹饪相关的文本、图片和视频。

之后，人工智能会自动整理出不同菜肴的食谱，比如每道菜需要哪些食材，如何清洗和切分食材，如何进行烹饪以及烹饪多长时间……详细到每个步骤。

如果把这个人工智能安装在机器人上，制造一个烹饪机器人呢?

机器人可能一开始就能很好地执行人工智能的命令，但也可能无法完全跟上。或许，食谱本身可能也会有错误。

但是，这些问题会成为新的数据，让人工智能继续学习，并逐步调整机器人的动作。

不断重复这一过程，就有可能制造出一个会做菜的机器人厨师了!

机器人只能学习做饭吗？答案当然是否定的。

人类就是通过不断试错，又不断改进，进而完善这种方式来进行学习的。

如果机器人也能通过这种方式来学习，或许有一天它们就能做人类能做的所有事情了。

人工智能是打造更像人类，并像人类一般思考、做事的机器人的关键。

哇！人工智能真是无处不在！

机器人和自动驾驶?

提到自动驾驶，人们自然而然就会想到自动驾驶汽车。但自动驾驶对于机器人也是必不可少的！

而且，机器人的自动驾驶与汽车的自动驾驶有很多相似之处。

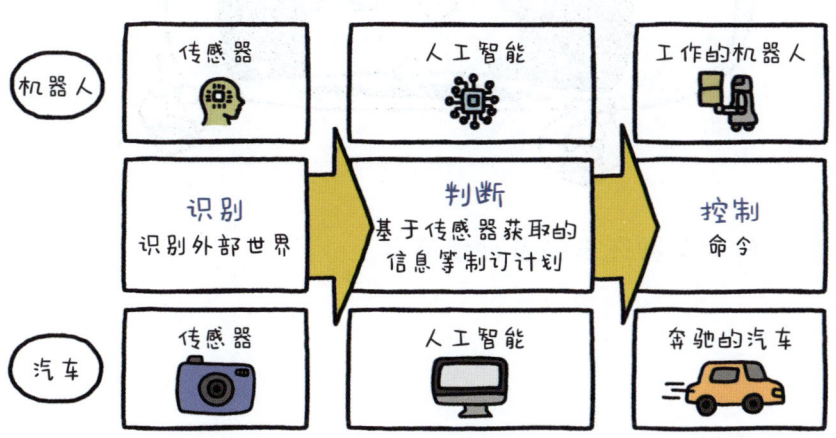

要实现自动驾驶，无论是机器人还是汽车都需要传感器。

然而，机器人所需的传感器与汽车所需的传感器并不完全相同。

汽车行驶的主要空间是"道路"。

自动驾驶汽车利用道路来运输人或物。

因此，汽车不仅需要摄像头，还需要使用电磁波的雷达和使用激光的激光雷达等传感器，用以探测近处物体和远处物体的位置，以及每个物体各自的移动速度和方向。

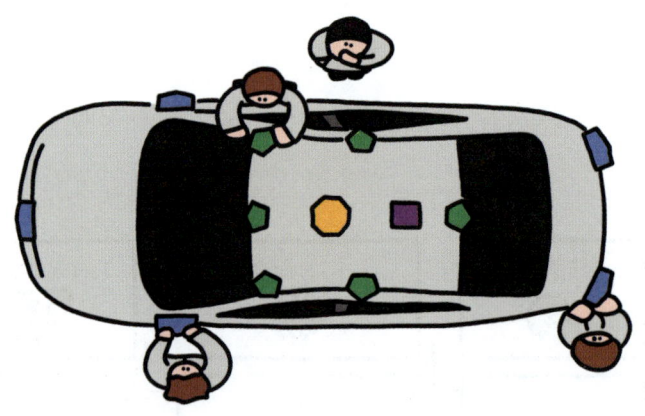

自动驾驶汽车的多种传感器

根据传感器安装位置的不同，传感器的效果会有所不同。所以，各家汽车公司在传感器的安装位置上也有所不同。

与汽车相比，机器人移动的范围更小。

机器人几乎不会像汽车那样快速移动，因为机器人是与人类一起生活和工作的机器，它不需要像汽车那样去识别远距离的物体。相比之下，获取近距离物体的准确且详细的信息更为重要。

而且，机器人和人类处在同一个空间，所以，不对人类造成伤害是需要重点考虑的方面。

因此，机器人身上一般装有能够感知周围的力的传感器。

如果感受到力，机器人就会停止动作，避免与人发生碰撞。

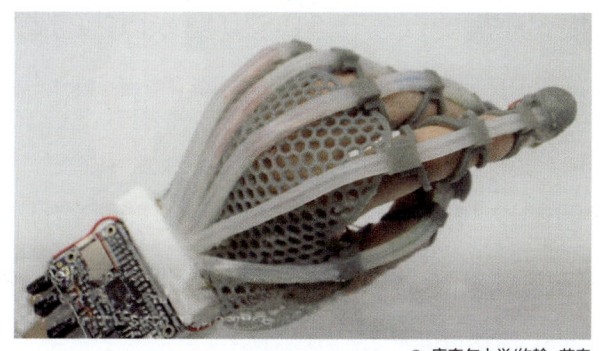

© 康奈尔大学/约翰·芒森

使机器人像人一样具有触觉的传感器

康奈尔大学的研究人员开发了一种光纤传感器，该传感器结合了低成本的发光二极管和染料，形成了一种可拉伸的"皮肤"，可以检测压力、弯曲应变等。这是机器人用传感器，不会被安装在汽车上。

要实现自动驾驶，无论是机器人还是汽车，都需要人工智能。

很多人期待利用人工智能来制造出完全自动驾驶的汽车。

所谓完全自动驾驶汽车，就是由人工智能负责所有驾驶操作，能够随时随地自主驾驶的汽车，这种汽车将不再需要驾驶员，因此可能甚至连驾驶座都没有。

然而，有些人认为完全自动驾驶汽车的成功并非易事。

为了实现完全自动驾驶，汽车不仅需要通过传感器感知周围环境，还需要误差在10~20厘米以内的高精地图。

汽车的人工智能通过传感器提供的信息和高精地图的信息来进行驾驶决策。

虽然目前这些地图正在制作中，但能否将所有道路，尤其是乡村的狭窄小路都绘制成高精地图，这仍然是让研究人员感到头疼的问题。

所以，自动驾驶汽车最初只能在特定区域内行驶，然后逐渐扩大这个能自动驾驶的区域。

你可能会问，机器人能否实现完全自动驾驶呢？

当然是有可能的。

因为机器人的移动范围不像汽车那样大，所以可以将机器人的活动区域或空间的地图预先输入到机器人的人工智能中。

此外，还可以让机器人通过传感器收集有关新地点的信息，并自行创建所需的地图。

如果利用机器人，是不是能把全世界的道路都绘制成高精地图呢？如果让机器人去到偏远的地方，和那里的人们一起生活，机器人的人工智能是不是就可以收集周围的信息绘制出高精地图呢？

哇哦，这真是个绝妙的想法！

可能正因为如此，汽车公司对机器人研究表现出了极大的兴趣。

开发阿西莫的日本本田就是一家汽车公司！

现在，以电动汽车闻名的埃隆·马斯克创办的特斯拉正在开发名为"擎天柱"（Optimus）的人形机器人。

韩国的现代汽车公司也收购了机器人公司波士顿动力（Boston Dynamics）。

究其原因，可能是因为制造自动驾驶汽车和自动驾驶机器人，都需要使用让机器自动运转的技术。

而且，在机器人当中，配送机器人所做的工作与自动驾驶汽车并没有太大区别！

虽然现在它们只能在一栋建筑或一个区域内运行，但试想一下，如果配送机器人体积越来越大、活动范围越来越广，它们不就变成自动驾驶汽车了吗？

所以，汽车公司对机器人非常感兴趣，可能也是因为这个原因。

自动驾驶配送机器人 GAEMI

对于这样的机器人来说，自动驾驶功能确实非常重要。

如果把这个机器人做得像卡车一样大呢？

是不是就变成自动驾驶的卡车了呢？

© Robotis

光想着人形机器人，差点忘了还有像你这样的机器人了！

每一位机器人专家都梦想制造出长得像人一样、可以和人一起工作的人形机器人。

　　但不是只有人形机器人才是机器人！

　　机器人是帮助人类工作的自动化机械，因此根据其用途和使用环境的不同，可以被设计成不同于人形的其他形态。

　　我们来了解一下，为了推动人形机器人和其他各种机器人的发展，人们正在进行哪些努力以及通过这些努力创造出了哪些机器人吧。

前所未有的机器人!

机器人进入足球场的原因

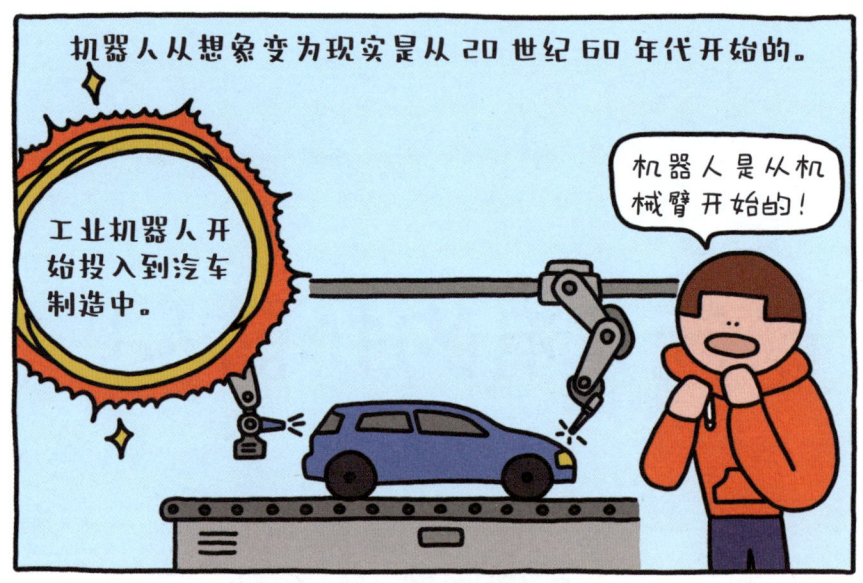

机器人从想象变为现实是从 20 世纪 60 年代开始的。

工业机器人开始投入到汽车制造中。

机器人是从机械臂开始的！

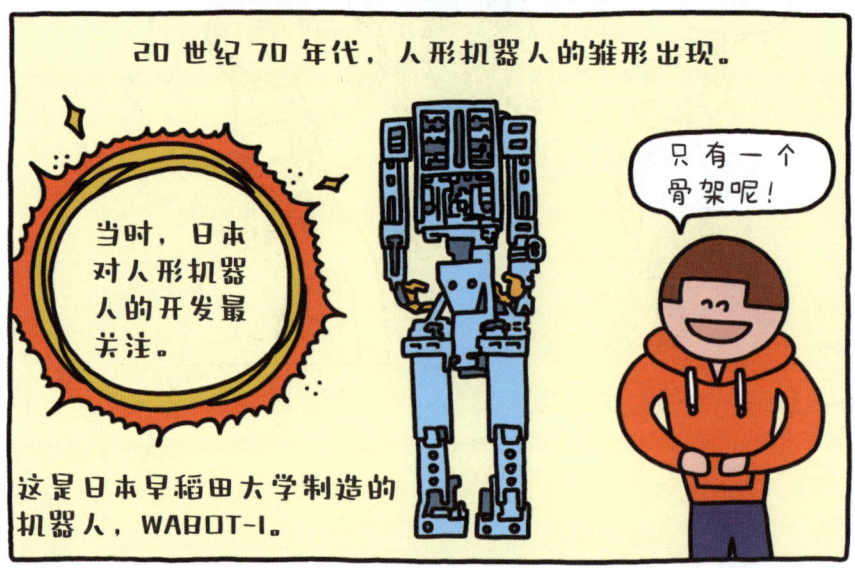

20 世纪 70 年代，人形机器人的雏形出现。

当时，日本对人形机器人的开发最关注。

只有一个骨架呢！

这是日本早稻田大学制造的机器人，WABOT-1。

20 世纪 90 年代以后，人形机器人开始具备更复杂的
传感器和控制系统，能够执行更复杂的任务。

怎么说呢，这些
人形机器人长得
有些像外星人！

将它们称为两
足步行机器人
可能更合适。

此外，四足步行或用其他方式移动
的机器人也得到了研究。

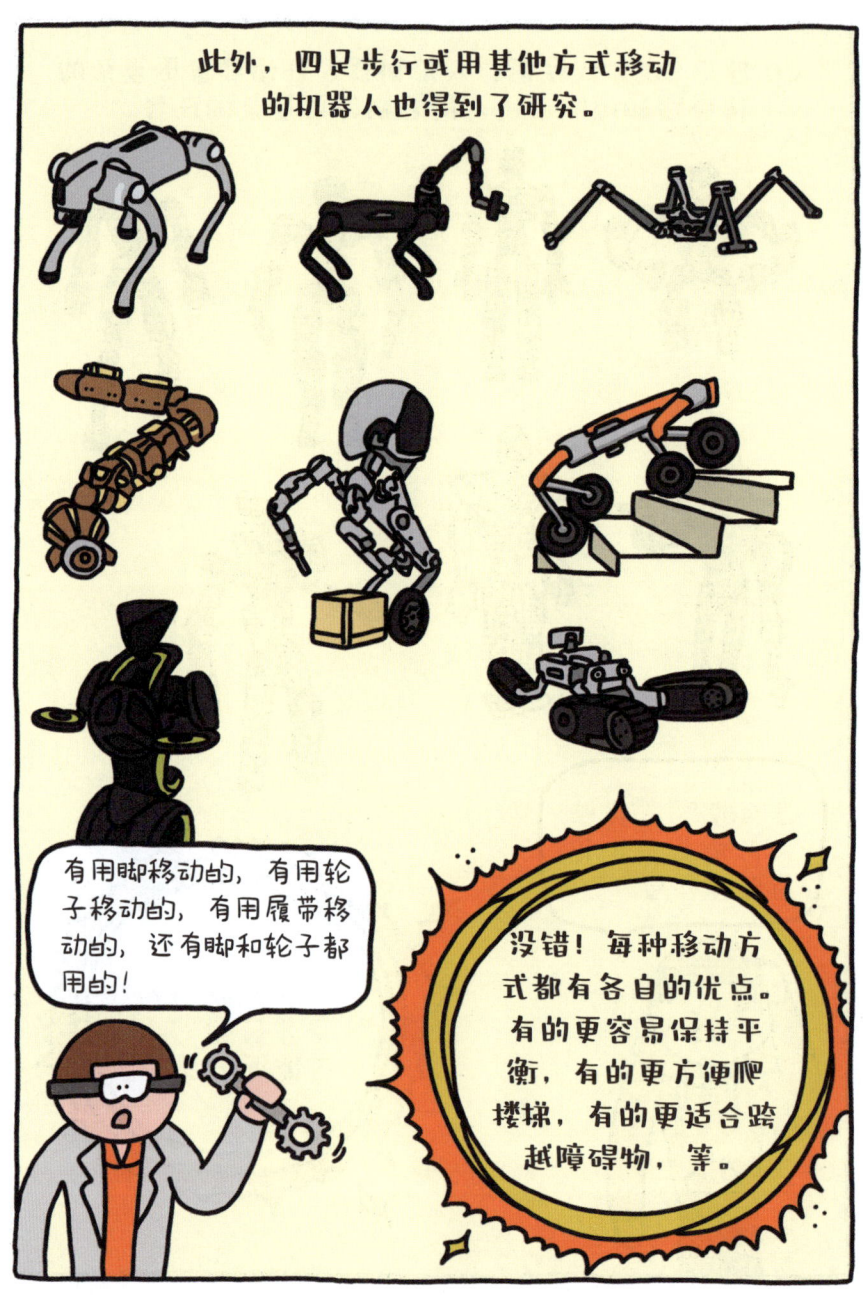

有用脚移动的，有用轮子移动的，有用履带移动的，还有脚和轮子都用的！

没错！每种移动方式都有各自的优点。有的更容易保持平衡，有的更方便爬楼梯，有的更适合跨越障碍物，等。

但其实机器人研究并不容易。

得卖得出去，企业才能生存！

研究开发费用为何如此高昂？

我们的研究必须能马上转化成收益！

研究这样的机器人有什么用呢？

从企业的角度来看，机器人研究需要投入大量的研发资金，而由此带来的收益却难以预估，这一直是很现实的问题。

也是，就算机器人会走路，普通人也不会购买。

尽管如此，专家们仍然专注于机器人研究。

如果在这里安装一个减速器，也许就可以更精细地控制手部的动作。

好主意，试试吧。

作为研究的一部分，自1997年起，研究人员每年都举办机器人足球比赛——机器人世界杯。

最初，这些比赛的参与者是类似于方盒子的机器人。

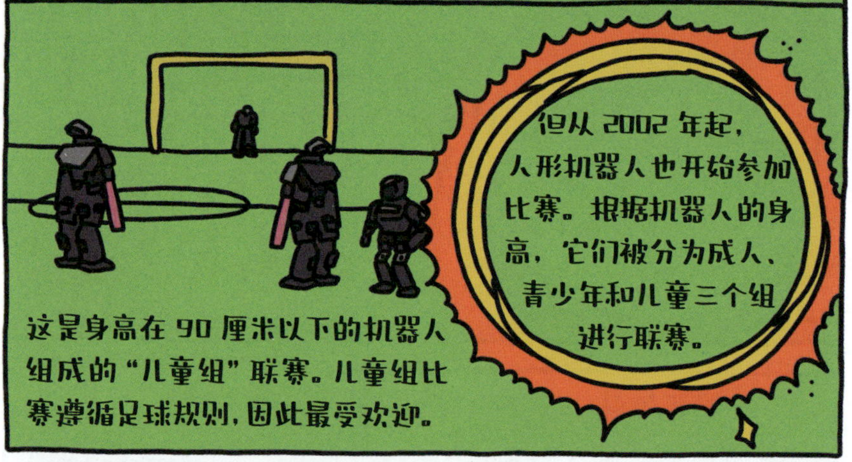

但从2002年起，人形机器人也开始参加比赛。根据机器人的身高，它们被分为成人、青少年和儿童三个组进行联赛。

这是身高在90厘米以下的机器人组成的"儿童组"联赛。儿童组比赛遵循足球规则，因此最受欢迎。

身高在130厘米以上的机器人参加"成人组"联赛，身高在90~130厘米的机器人参加"青少年组"联赛。随着技术的发展，比赛形式更为丰富。

机器人世界杯的热度丝毫不逊于传统世界杯呢！

但是为什么要让机器人踢足球呢？

难道是因为机器人专家们特别热爱足球？当然不是。

让机器人踢足球是为了训练它们。

踢足球非常适合训练机器人的识别、处理和操作能力！

就像我们踢足球能锻炼身体一样。足球运动不仅对人类有帮助，对训练机器人也很有效呢！

机器人专家们通过机器人世界杯，推进了对机器人技术的研究。他们还有一个宏大的梦想，那就是在 2050 年让机器人球队与世界杯冠军球队进行比赛！

真的吗？这有可能实现吗？

我来告诉你目前的机器人技术发展到哪一步了吧。你可以判断一下机器人专家们的梦想能否实现。

好的！包在我身上！

和人类一起工作的机器人

从 20 世纪 80 年代开始，工业机器人得到广泛应用，但那时，机器人的周围不允许有人员靠近。

因为当时的机器人没有安装能够感应人类接近的传感器，不能够及时停止工作，而发生过机器人伤害人类，甚至导致人类丧命的事故。

为了防止这种情况的再次发生，法律规定工业机器人周围禁止人员接近，并且要用围栏将它们隔开。

用围栏隔开的工业机器人

如果说机器人是与人一起工作的自动化机械，那么这些工业机器人可能更像是半自动化机械而非真正的机器人。

但是人类仍然需要与机器人一起工作。

尽管机器人技术的发展让机器人做的工作越来越精细和准确，但它们在工作时仍有许多地方需要人类的参与。

例如，虽然机器人能够生产半导体器件，但仍然需要人类将这些半导体器件安装到电脑和智能手机中，并将它们与其他部件一起组装。

如果人类进行组装工作，那么机器人至少可以负责包装工作。

因此，我们需要能与人类一起工作的机器人，也就是协作机器人。

协作机器人的概念最早由美国西北大学的两位教授提出，但当时的技术水平限制了这一构想的实现。直到2008年丹麦优傲机器人公司推出 UR5 协作机器人，其商业化的成功标志着协作机器人的崛起。

人们终于能够制造轻量化的机器人，并开发出保障人类安全的传感器。

这些协作机器人一旦感知到周围有人，就会立即停止动作，即使发生碰撞，对人类造成的冲击也不会太大。

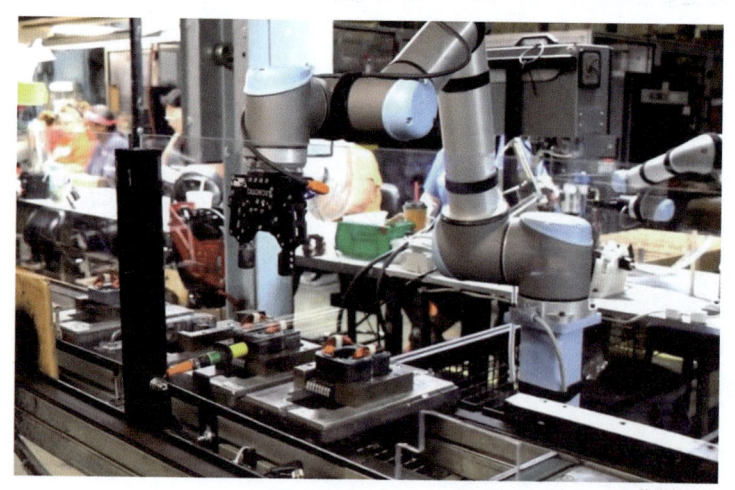

© 优傲机器人

在工厂与人类一起工作的协作机器人

工业机器人的负载能力通常为几十到几百千克。负载能力指的是机器人能够举起或支撑的质量。而协作机器人的负载能力通常在 10 千克左右。

接着，有双臂的协作机器人也出现了。

© Rethink Robotics

双臂协作机器人 Baxter

    Baxter 不仅有两只手臂，还有一张脸！虽然这张脸只是画着眼睛的平面屏幕，但 Baxter 能够对人类的行为做出反应。因此，在机器人专家们研究机器人与人类的互动时，Baxter 发挥了巨大的作用。

    目前，人们对有轮子的移动式协作机器人越来越感兴趣。

有效负载能力14千克

© 韩华动力

与人类一起工作的移动式协作机器人

    移动式协作机器人与传统协作机器人不同，它们有一个很大的优点，就是可以在移动的同时与人类协同工作。

还有一种协作机器人也备受关注，那就是人形机器人。

2023 年，全球最大的互联网购物平台亚马逊在其物流仓库中开始试运行人形机器人 Digit。

© 美国敏捷机器人公司

在亚马逊的物流仓库中工作的 Digit

据说，Digit 最初的工作是搬运和整理空箱子。即使它出现失误，也不会影响客户的商品配送。这样的安排非常合理，对吧？

亚马逊与美国敏捷机器人公司合作，开发了这款能够与人类协同工作的人形机器人 Digit。

在亚马逊的物流仓库里，任务和工作空间都已经划分好了，这让开发 Digit 变得相对容易一些。

2022年，特斯拉的创始人埃隆·马斯克推出了名为"擎天柱"的人形机器人，引起了巨大的轰动。

而后，埃隆·马斯克宣布计划将"擎天柱"投入到制造电动汽车的工厂中，这再次让全世界感到震惊。

© 特斯拉的"擎天柱"

特斯拉开发的人形机器人"擎天柱"

"擎天柱"不仅能像人一样行走，还能进行捡起鸡蛋和折叠衣物等精细的手部动作。它如果能够行走并灵活使用双手，那么在工厂中生产汽车也只是时间问题了吧？

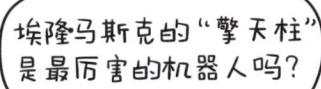

埃隆马斯克的"擎天柱"是最厉害的机器人吗？

当大家都认为"擎天柱"是这个时代最顶尖的人形机器人时，一款与之媲美的人形机器人登场了，它叫作 Figure 01。Figure 01 可以迈着稳健的步伐走过一段路，把篮子拎起来，然后提走。

Figure 01 搬运货物

听说 Figure 01 是由一家名为 Figure AI 的初创公司开发的。初创公司是指拥有技术和创意、成立时间不长的企业。

更令人惊讶的是，2024 年 1 月，Figure AI 公司与世界知名汽车公司宝马（BMW）签订了合同，将 Figure 01 投入宝马公司在美国的工厂。

2024 年 3 月，德国汽车公司梅赛德斯－奔驰宣布与机器人开发公司 Apptronik 达成合作协议。

这个协议旨在探索如何将 Apptronik 公司的人形机器人"阿波罗"（Apollo）应用于汽车制造工艺中。

搬运箱子的"阿波罗"

它可能会比"擎天柱"和 Figure 01 更早在汽车工厂里工作！

© Apptronik

目前，工厂中最常见的还是工业机器人，但对协作机器人的需求也在不断增加。

虽然工业机器人和协作机器人提高了工厂的生产效率，但它们还是只能执行简单的或预定的任务，因为它们只是按照预先编程的指令去工作。

但是，人们期待人形机器人能够胜任更多的工作，甚至做到人类能做的一切。

当下，由于生成型人工智能与机器人的结合，人形机器人可以不断学习和进步！

预计未来在工厂中工作的人形机器人将会大幅增加。

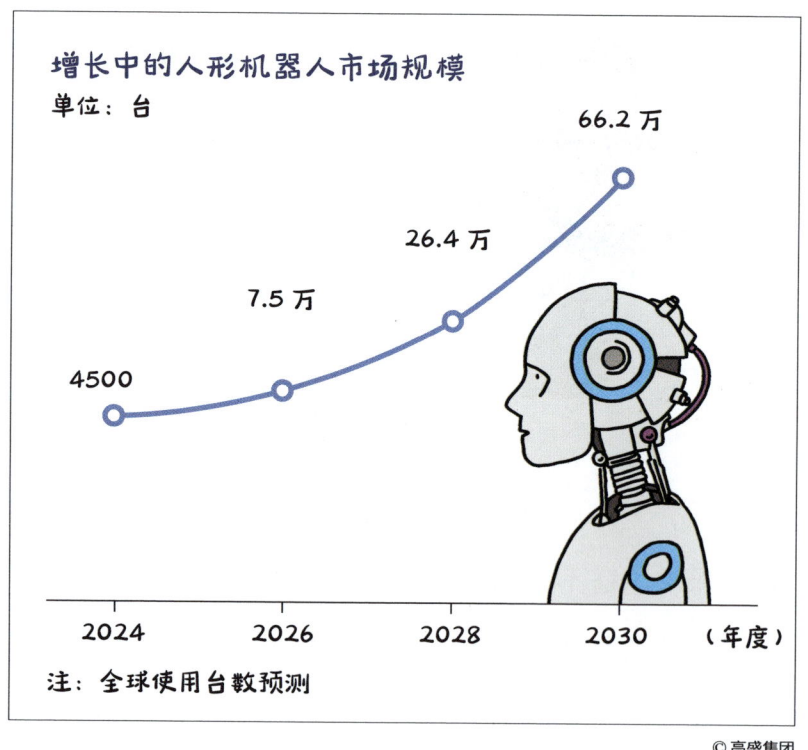

增长中的人形机器人市场规模
单位：台

66.2 万

26.4 万

7.5 万

4500

2024   2026   2028   2030   （年度）

注：全球使用台数预测

© 高盛集团

天哪，有这样的机器人！

不仅有人在努力创造可以做所有工作的机器人，还有一些人在专注于制造执行特殊工作的机器人。其中一类具有代表性的特殊机器人就是"医疗机器人"。

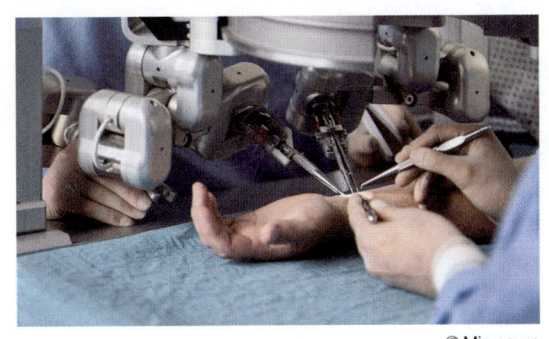

© Microsure

超微创手术机器人

使用这种超微创手术机器人，可以缝合直径仅为 0.3~0.8 毫米的血管。像这样的细小血管缝合手术，机器人可能会比人类做得更好。此外，还有许多用于其他手术的机器人。

一些机器人可以进入我们的身体，来治疗疾病或拍摄必要的影像。

2024年2月，一种具有引擎驱动装置能够在人体内自主移动并治疗疾病的生物纳米机器人被开发了出来。

纳米的"纳"表示十亿分之一，纳米则表示十亿分之一米。

你是不是无法想象它有多么小？

正因为它如此微小，才能进入我们的身体。

虽然以前也有医用的纳米机器人，但大多数是通过在体外施加磁场控制其移动，或者通过计算机进行控制。

这次开发的机器人能够在体内捕捉到基因信号，并进行自主移动。

由于该机器人的运作依赖于一个名为"离合器"的部件，所以其也被称为离合器纳米机器人。

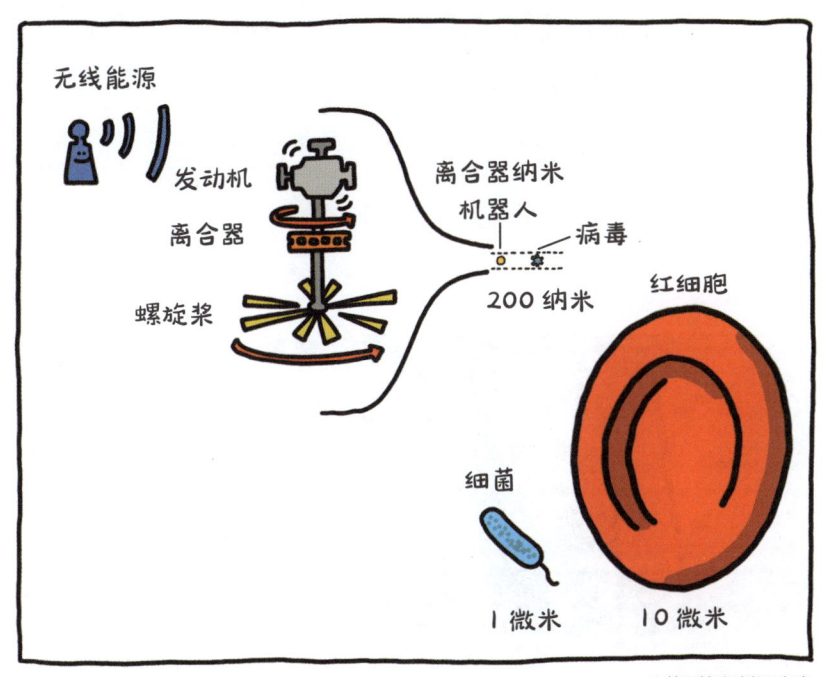

离合器纳米机器人

　　这幅图是由开发离合器纳米机器人的韩国基础科学研究院提供的，展示了离合器纳米机器人的大小和结构。这种离合器纳米机器人可以移动到有疾病的地方注射药物，或者找到并去除肿瘤等病灶，从而治疗疾病。

　　纳米机器人还可以投入到石油或天然气管道中，用来清除杂质或查找管道裂缝。此外，它们还能用于清除地下水或海洋中的污染物，或者检测大气中的污染物。

　　因此，纳米机器人也可以应用在能源和环境领域中。

还有为无法行走的患者专门开发的机器人，帮助这些患者行走，或者辅助步态康复训练。

此外，还有一些机器人被设计成义肢，用于帮助那些缺失身体部位的患者提高生活质量。

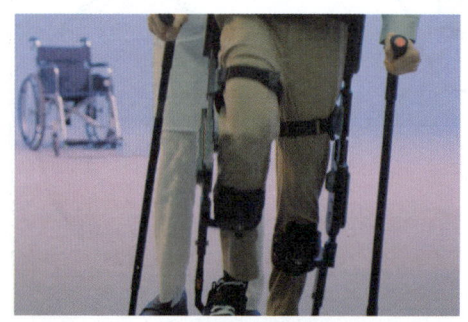

© 现代汽车机器人实验室

帮助下半身瘫痪患者康复的机器人

对于下半身瘫痪的患者或下半身有障碍的人来说，使用康复机器人可以有效防止肌肉和关节僵硬，对康复有很大的帮助。

© Joseph Xu/Michigan Engineering

穿着机器人义肢进行走路练习的患者

制造机器人义肢的难题之一是确保机器人能够支撑人体的重量。如果机器人不能很好地支撑人体的重量，患者可能会受伤。

机器人成了人体的一部分！

像康复机器人这样的"穿戴式机器人"，对老年人也非常有帮助。

许多老年人因身体问题，比如腰部或膝盖不舒服，走路很困难，会使用轮椅或小型电动车出行。

使用这种穿戴式机器人，就可以让行动不便的老年人更轻松地行走。

此外，对于消防员或在工厂里搬运重物的工人来说，穿戴式机器人也能为他们提供极大的帮助。因为穿戴式机器人可以让穿戴者花更小的力，获得更大的效果。

© FRT

使用穿戴式机器人的消防员

这种穿戴式机器人也被称为外骨骼机器人。使用这种穿戴式机器人时，人们可以节省大约 30% 的力气，并以每小时 6 千米的速度行走。得益于穿戴式机器人，消防员和工人才能够更加轻便和快速地移动。

特殊机器人不仅仅存在于医疗和康复领域，有些特殊机器人还可以进入放射性污染区域进行污染度检测，还有一些特殊机器人是专门为火山探测、宇宙探测、深海探测和极地探测等任务而设计的。

©美国国家航空航天局

火山探测机器人，VolcanoBot

这款名为 VolcanoBot 的机器人能够深入到夏威夷基拉韦厄火山地下 25 米，为人类传送有关火山的信息。这款机器人是由美国国家航空航天局（NASA）开发的。

©德国宇航中心

在火山上进行训练的宇宙探测机器人

德国宇航中心（DLR）还在意大利的埃特纳火山上测试了宇宙探测机器人。这是因为埃特纳火山的土壤与火星的土壤相似，并且该火山的环境也像火星一样恶劣。

这些机器人的形态各不相同。

让我们以深海探测机器人为例来具体看看吧。

它们有的被仿造成海洋生物的形态，有的被设计成类似人形的形态。

© 天津大学

能够潜水至 10,000 米深度的深海探测机器人——海燕 -X

深海探测机器人也被称为水下滑翔机，它们被设计得像飞机一般。因为飞机形状的机器人能在深海中以最有效的方式利用浮力等进行调节，并产生向前的动力。

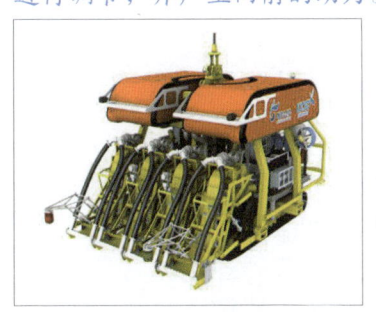

© 韩国海洋科学技术院

海底矿物采集机器人——米内罗

这个以在深海中采集矿物为目的的机器人看起来是不是像一台拖拉机？

© 斯坦福大学机器人中心

人形潜水机器人——Ocean One

Ocean One 是为了能与人类一起搜寻沉船而制造的。因为需要与人类共同作业，所以它被设计成人类的样子。

机器人专家们希望制造出能够与人类一起、像人类一样工作的机器人，但这并不意味着他们要把所有的机器人都做成人形机器人。

根据机器人使用场所、任务内容的不同，机器人的形态会有所不同。

如果某机器人的任务是潜入海底，四处探查并传回信息，那么它应该被设计成能够承受海水压力，并能在水中顺利移动的形态。

但如果是需要机器人在海洋中与人类一起进行某些工作，那它被设计成人类形态可能会更好。

因此，机器人专家们正努力研究各种动物和植物的形态、动作，并根据具体情况和目的制造出合适的机器人。

看来要制造机器人，不仅要懂得关于机器人的知识，还需要了解很多其他方面的知识呢！

进入我们生活圈的机器人

如今，在街头巷尾，机器人随处可见，比如在酒店、旅馆、餐厅等场所，我们都能看见送餐机器人的身影。

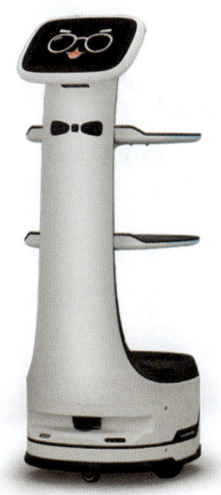

运送食物的送餐机器人

几年前，机器人送餐还是一件新奇的事吧？但很快，这就成了我们习以为常的景象。

© 现代机器人

其实，送餐机器人突然出现并迅速走红是因为2020年新型冠状病毒感染疫情的暴发。

那时，人们需要避免接触，而机器人正好可以帮助人们保持距离。因此，送餐机器人迅速扩展到餐厅和咖啡馆等场所。

顾客们觉得很新奇，老板们也很高兴能节省人力成本。所以即使在疫情结束后，送餐机器人的人气依然不减。

随后，像送餐机器人这样的移动机器人相继出现！

比如大厦大厅里接待访客的引导机器人，酒店里递送毛巾或饮用水的服务机器人，还有将便利店的商品送到附近居民手中的配送机器人，等等。

© 乐博益思/GS零售

多种多样的移动机器人

这些机器人都是利用自动驾驶技术找到目的地的。

制作特定菜肴的烹饪机器人也开始出现，最具代表性的要属炸鸡机器人。

人类在制作炸鸡时经常会被热油烫伤，但机器人制作炸鸡就没有这种顾虑了。

还有咖啡师机器人。

假如有人在深夜前往咖啡店，想买一杯咖啡提神，却发现咖啡店已经关门，这实在太让人难过了。

但有了咖啡师机器人，这种担忧就减少了。因为咖啡师机器人可以 24 小时为顾客制作咖啡。

你知道吗？现在甚至还有专门给汉堡翻转肉饼的机器人！

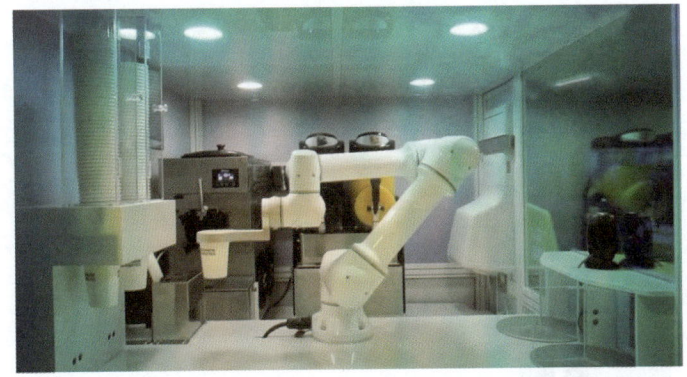

© Rainbow Robotics

我们身边各种各样的机器人

在咖啡店、炸鸡店、汉堡店，甚至高速公路服务区都能见到机器人。

但是，这些机器人的出现并不总是令人高兴的。

送餐机器人出现后，曾经在餐馆或咖啡馆工作的员工现在要去哪里工作呢？

使用配送机器人后，以前从事配送工作的人可能不得不寻找其他工作。

一个炸鸡机器人能完成三个人的工作，那么炸鸡店可能就不再需要那么多员工了。

虽然能在深夜喝到咖啡很好，但也会有一些咖啡师因为咖啡师机器人的出现而失去工作。

啊！任何事情都有好的一面和不好的一面。

随着工厂里机器人数量的增加，失业的工人也会越来越多。

　　因此，当亚马逊试运行机器人 Digit 时，亚马逊工会负责人非常担心"工作机会减少"。

亚马逊的物流仓库中用于举起商品的机器人 Robin

　　亚马逊在试运行 Digit 之前，已经在物流仓库中投入了 Robin 和 Sparrow 等机器人，用于分类和运输商品。

随着机器人数量的增加，工作岗位的减少是不可避免的。

如何解决因机器人导致工作岗位减少的问题呢？

我们能请求企业的董事长们或者街角餐馆和炸鸡店的老板们不要使用机器人，因为这会导致工作岗位减少吗？

即使有人提出这样的请求也毫无意义。

因为相比雇用人力，使用机器人对企业或店铺的运营更加有利！

对于这个问题，或许可以换个角度来看。

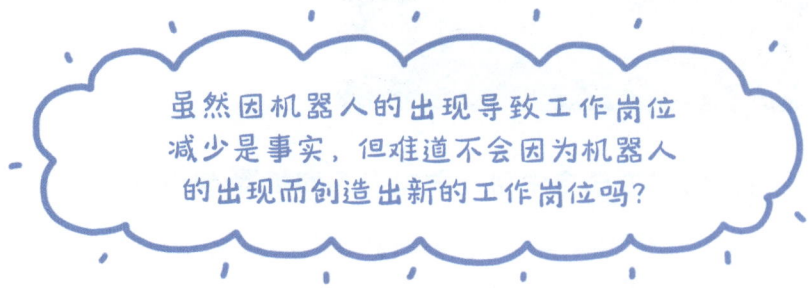

虽然因机器人的出现导致工作岗位减少是事实，但难道不会因为机器人的出现而创造出新的工作岗位吗？

首先，与制造机器人相关的工作岗位将会增加。

企业或店铺既需要能够精密设计机器人驱动器的工程师，也需要能够精确制造这些驱动器的机械工人。

由于机器人驱动器非常精细，只有非常熟练的机械工人才能制造！

此外，还需要开发机器人人工智能的专家、能够使机器人外壳材料更轻更坚固的专家，以及设计机器人的设计师等！

对呀！与其同机器人抢工作，不如寻找机器人无法胜任的工作，或者因机器人的出现而出现的新工作！

机器人技术将会持续发展，尤其是生成型人工智能的出现，更会加速机器人的进步。

我们将与机器人共同生活。但是在与机器人共同生活的过程中，是否会出现一些问题呢？

我们可以提前考虑这些问题，这样在机器人时代来临时，我们才能将问题的影响降到最低。

与机器人共存的未来

继续畅想！

人类做不到的事情，机器人可以轻松完成！

机器人可能比人类更受欢迎。

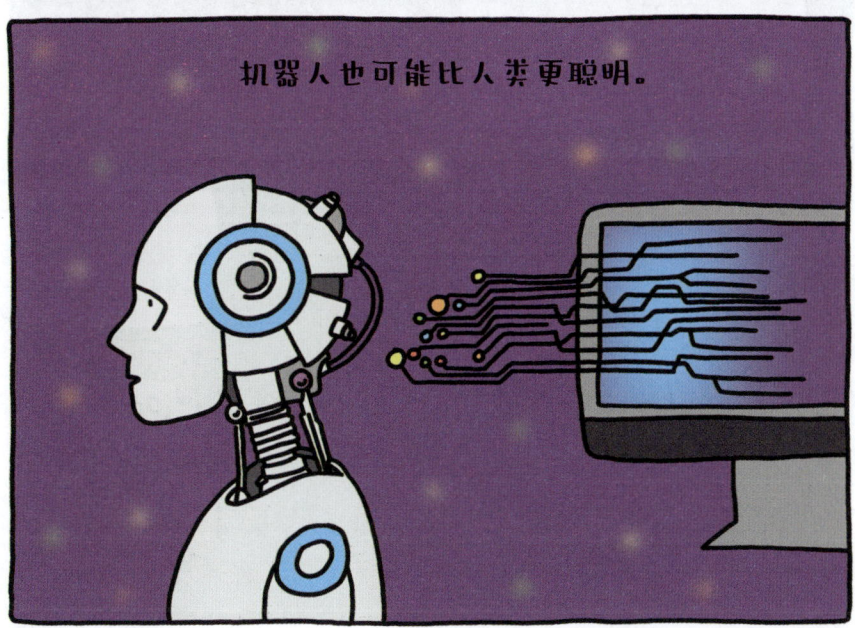

机器人也可能比人类更聪明。

你想象过和这些机器人一起生活的未来吗?

没有!但是我看过类似的电影。

是吗?也是，电影确实对我们的未来展开了许多想象。

是什么电影呢?

是未来的机器人想要毁灭人类的故事，太吓人了，我直接换了频道……

没错!我看到的就是那个像骷髅一样的机器人!

你说的好像是《终结者》吧?

《终结者》讲述的是试图毁灭人类的机器人与抵抗这些机器人的人类之间的故事。

自1984年第一部上映以来，已经出到了第六部。

出了这么多续作，还拍了电视剧，看来这个电影真的非常精彩呢。

终结者

它还有电视剧版本呢。

电影的精彩之处可以从多个角度解读。然而，《终结者》之所以受欢迎，是因为它在某种程度上引发了许多讨论。

天哪！未来的机器人有可能试图消灭我们吗？

如果它们变得比我们更聪明，有什么不可能呢？

机器人比我们更强大……如果和机器人对抗，我们可能无法生存下来。

不仅是《终结者》，还有很多其他的故事讲述了机器人反叛、伤害人类甚至试图毁灭人类的情节。

没错！但是这些都是虚构的故事！

话虽如此，但史蒂芬·霍金博士也提出了警告！

史蒂芬·霍金预测，如果机器人配备了人工智能，它们将会在未来试图支配人类。

那该怎么办？

首先要正确地开发人工智能。这个问题在《人工智能》中已经讨论过了，如果感兴趣的话可以去读一读！

机器人与人类的界限

人形机器人是形态像人的机器人。

而在这些人形机器人中，有一些机器人不仅形态，甚至具备的外观都与人类相似，以至于无法区分它们是人还是机器人，这种机器人被称为"仿生人"（Android）。

此外，还有一个概念是"赛博格"（Cyborg），指的是身体的一部分被机器替代的人类。

随着机器人技术的发展，仿生人和赛博格也会出现。

我们来想象一下仿生人和赛博格的出现可能会带来哪些影响吧。

格莱恩·约翰逊是否应该归还金牌？

2060 年，在 XXX 届奥运会男子 100 米跑比赛中获得金牌的格莱恩·约翰逊被要求退还他的金牌。

这一事件的起因是某体育专业媒体在上月 27 日收到一位医疗人员爆料："格莱恩·约翰逊是赛博格。"据报道，格莱恩·约翰逊于 2056 年在双腿上安装了具有特殊弹性带的机器义肢。A 国田径联合会得知此事后，立即发表声明称"格莱恩·约翰逊的金牌应立即被取消"。

主流的观点是"奥运会是比拼人类身体能力的比赛，因此装有机器义肢的赛博格不具备参赛资格"，还有专家补充"约翰逊在安装机器义肢后，他的速度可以提高至平时的1.2倍"。

对此，世界赛博格联盟立即反驳称："约翰逊之所以安装机器义肢，是因为他在交通事故中失去了双腿。"他们强调，约翰逊安装机器义肢只是为了克服残疾，而不是为了增强身体能力。同时，他们还质问道："如果说约翰逊没有资格参加奥运会，那么他是否有资格参加残奥会呢？"

正在审议此事件的国际奥林匹克委员会（IOC）表示，他们正在从各个角度审查这个问题，暂未发表进一步评论。随着机器人技术的发展，在有些人选择用机器代替身体部位的背景下，大家都在关注IOC将做出怎样的决定。

留下评论 < 点击 >

114

加油，格莱恩！
格莱恩·约翰逊参加奥运会是正当的！他是因为事故失去双腿而装上义肢的，他也只是比普通人跑得更快，才获得了金牌。

我也是格莱恩
同感。

这边看那边看
如果承认格莱恩·约翰逊能参加奥运会，我担心会有一些运动员故意装上机器义肢，就像以前为了提高身体能力而服用禁药的运动员一样。

简单一点
为什么不为那些身体部位被替换成机器的选手举办一场专门的奥运会呢？

太复杂了
为赛博格举办奥运会吗……那样的话，比赛就会变成改造身体的竞争吧？身体改造成机器的部分越多，比赛成绩肯定会越好，不是吗？

明智的判断
干脆趁这个机会取消奥运会、世界杯等体育赛事吧。体育的目的原本是为了提高人类的身体能力，不是吗？但现在还有谁通过体育来提高身体能力呢？都有机器可以替代身体部位了。与其为了提高身体能力而搞体育，不如去赚钱来得实际！

不想去
祝您赚大钱……

这是 5 月的第二个星期二。

一位老绅士走进了办公室，并且开口说道：

在我 15 年的律师生涯中，还是第一次接到这样的委托！

仿生人是完全像人一样的机器人。

它不仅会像人一样说话和行动，还拥有和人类相似的皮肤、眼睛和头发，以至于乍一看，你根本分不清它到底是人还是机器人。

但无论如何，它还是机器人，不是吗？

我还没来得及说话，老绅士便开始了他的讲述：

在我40岁的时候，我的妻子伊丽莎白去世了。

失去她的痛苦让我每天都感觉像在慢慢死去。

就在这时，我的妹妹送了我一个令人意想不到的礼物——一个和我妻子极其相似的仿生人。

一个仿生人怎么可能代替我已故的妻子呢？

但是，随着时间的推移，我越看越觉得这仿生人像极了伊丽莎白。

最终，我甚至给"她"取了一个名字，叫"贝丝"，这是我妻子小时候的昵称。

贝丝在我出门的时候，会整理我的卧室和打扫家里的卫生。"她"会根据我回家的时间准备饭菜。

　　休息日，"她"会播放我喜欢的音乐；下雨天，"她"会为我准备雨伞；当我生病时，"她"会照顾我；当我难过时，"她"会陪在我身边……

　　我从未想过要找另一个女人，因为我已经把贝丝当作了我的妻子。

　　就这样，10 年过去了，20 年过去了，40 年过去了，我已经 80 岁了。

　　随着时间的推移，我的心脏也不好了，现在我觉得应该开始准备离开这个世界。

　　我只想尽快去另一个世界，去见我真正的妻子伊丽莎白。

但是我放心不下贝丝。

如果我不在了，贝丝会怎么样呢？

所以我想把我所有的财产都留给贝丝。

我希望"她"能像照顾我一样，在我离开这个世界后照顾好自己。

有时，也会有人将财产留给他们养的狗或猫。

在这种情况下，只需指定一个机构来照顾它们，直到这些宠物去世为止。之后，剩余的财产通常会捐给社会。

但是，只要不断电，贝丝就不会"死亡"。

贝丝是一个机器人，而机器人是一种物品。

那么，把财产留给一个物品是可行的吗？

如果一个机器人继承了财产，我该如何对待它？

贝丝是为了照顾人类而被创造出来的机器人……那反过来，我是否应该照顾和保护贝丝？

不管我如何翻阅法律书籍，似乎都找不到答案。

不管我如何思考，也无法厘清我和贝丝之间应该是什么样的关系。

我到底该不该接受这个委托呢？

这个社会的主人是谁？

与机器人共存的世界是什么样的呢？

如果机器人能帮忙做家务，妈妈一定会轻松很多吧？

如果机器人能处理会议所需的琐事，并在会议结束后帮忙整理，那么公司员工就可以全身心地专注于工作。

工厂里也是如此。

然而，机器人进入我们生活中的各个角落，会不会产生一些问题呢？

让我们思考一下，机器人可能带来的社会问题吧。

思考1 机器人的本质是守护，还是监视？

2032 年 2 月 25 日

今天是 2 月 25 日，我感到非常激动。

并不是因为今天是元宵节，也不是因为明天是新学年的开始。

当然，和新学年的开始还是有些关系的。

让我激动的真正原因是……

从今年开始，每个班级都会配备机器人。

老师的助手机器人！

每个教室里都有机器人，这多酷哇！

我们每节课的课间都可以和机器人一起玩。

在体育课上，大家还可以一起玩躲避球呢！

同学们通过投票决定了我们班机器人的小名。

定下来的名字是"十九"。

因为我们班有 19 个同学，所以给这个属于我们 19 个人的机器人取名为"十九"。

十九听到这个名字，开心地笑了起来。

这家伙真是个可爱的朋友！

今天十九表现得非常出色。

正勋打了俊瑞的头，还把垃圾丢进了俊瑞的书包里，但被十九发现了。

从开学第一天起，正勋就一直在欺负同学。

但是正勋的手段十分巧妙，从不留下欺凌的证据，只有被欺负的同学在默默承受痛苦。

这次十九抓到了正勋欺负俊瑞的现场，还录下了视频作为证据！

班里所有的同学都摸了摸十九的头，除了正勋。

十九，你被任命为我们班的"守护者"！

2032 年 3 月 10 日

宥贞太可爱了！

我一整天都在盯着宥贞看，满脑子都是她。

这种感觉是第一次！

嘻嘻，千万不能让别人发现！

要不要告诉十九呢？

毕竟它是我们班的守护者，感觉它会保守我的秘密。

啊，今天真是……

我无法形容我的心情。

回到家，妈妈突然问我："你喜欢宥贞吗？"

我什么也没说，只是脸红了。

妈妈拿出手机，给我看了一段视频。

视频记录下了我傻乎乎地看着宥贞的样子！

我不由得大叫："这是从哪儿来的？"

"从哪儿来的，当然是老师发来的。十九每天都会记录班里发生的事情，老师偶尔会看看……她说你最近一直在看着宥贞呢！"

妈妈笑得很开心，好像觉得这件事特别有趣："我的儿子长大了！还懂得喜欢人了！"

我逃回了自己的房间。

我哭了。

不仅仅是因为被人发现了我的秘密而感到羞愧，还因为我原以为可以把我的秘密告诉十九的，结果十九竟然到处宣扬我的秘密！

我感觉被十九背叛了。

十九不是守护者！

十九是监视者！

……

：姜正熙奶奶为什么会进行这样的抗议呢？

：现在许多年轻人不结婚，这一点您可能已经注意到了。但是，他们会根据需要，委托机器人制造商制作机器人妻子或机器人丈夫，并与之共同生活。

：我听说可以根据个人的喜好和情况定制机器人，从外貌到性格都可以量身定做。

：是的，确实如此。不仅如此，还有一些年轻人通过定制机器人婴儿和机器人幼儿来组成家庭。对于那些想结婚却难以找到理想伴侣，以及想要孩子但又觉得怀孕和育儿负担沉重的年轻人来说，这种趋势正在流行起来。

：姜正熙奶奶是在批评这些年轻人吗？

：她更多的是对人类未来的担忧，而不是对年轻人的批评。让我们来听听她的想法吧。

人们不结婚，丈夫是机器人，妻子也是机器人，甚至连孩子都用机器人来代替的话，那谁还会生育真正的孩子呢？如果大家都不生育孩子，我们人类将会从地球上消失，只剩下机器人。因此，我的意见是，至少应该阻止机器人家属的制造。

：有道理，似乎到了我们该重新思考机器人与人类的未来的时候。

真的只有好处吗？

　　如果机器人技术高度发达，人的身体可以用机械替代，人的寿命将会比现在长得多。

　　借助医疗机器人的帮助，即使年纪大了，也可以保持年轻。

　　但永葆青春真的是好事吗？

　　长寿百岁真的只有幸福的一面吗？

　　让我们来想象一下，随着机器人技术的发展，寿命技术性延长后人类的生活会是什么样子吧。

现在，我要放下粉丝们的爱，从舞台上退下来了。

在外貌至上的演员世界里，我已经在顶级明星的位置上待了50年。

即使我现在已经超过70岁了，但看起来仍然像20多岁，这都要归功于机器人技术。

从25岁开始，我每周将纳米机器人注入体内一次。

这些机器人在我的体内消除了衰老的细胞，并生成了新的细胞。

因此，我的骨骼、关节、内脏以及皮肤都和20多岁的年轻人一样。

但是，事实上……

我的身体是 20 多岁，大脑却是 70 多岁。

我是年轻人，还是老人呢？

虽然我的身体是 20 多岁，但我的思维方式更接近 70 多岁的老人。

我无法与年轻人沟通，同时我的同龄人在疏远我。

我无法融入任何群体，也害怕与任何人交谈。

为什么我当初要为了保持身体的年轻而往体内注入纳米机器人呢？

为什么我没有想到身体和心灵应该一起经历岁月，和谐地衰老呢？

为什么我没有想到身体和心灵的不协调会让我如此不幸呢？

如今我感到深深后悔，并希望能够纠正我的错误。

所以，我决定放下作为演员的生活，重新调整我的人生。

请大家支持我。

尾声

让我们进入更高阶！

看完本书，你对机器人有了什么样的看法呢？
让我们用图形组织器来表达吧！

我们是厨师！

想一想以下每对事物的相同点和不同点。

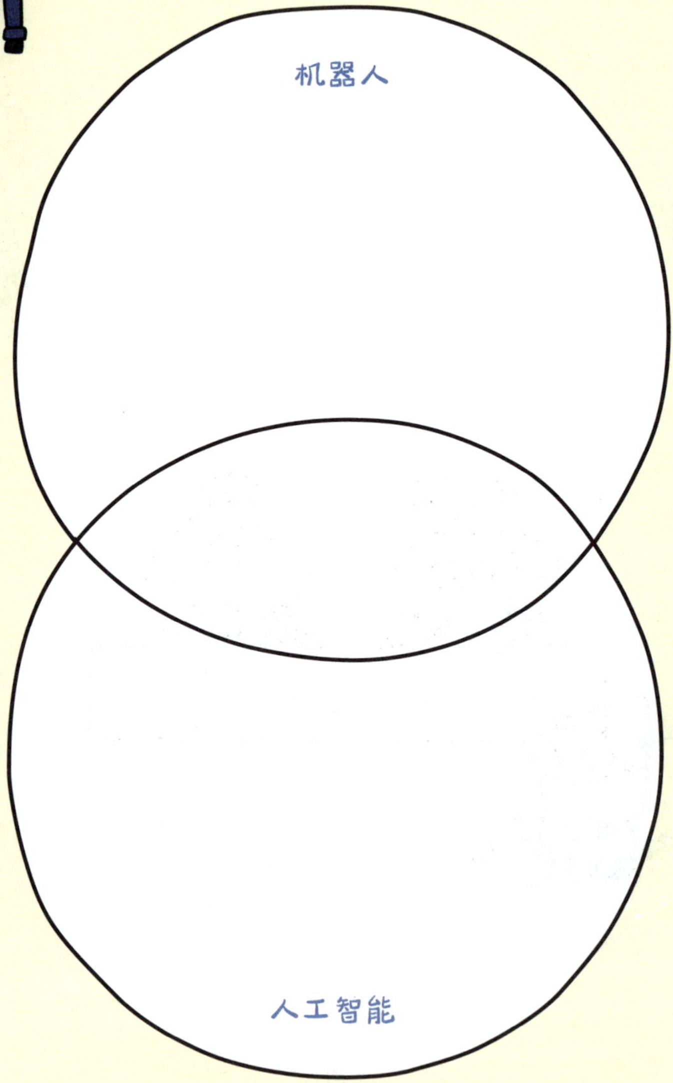

机器人

人工智能

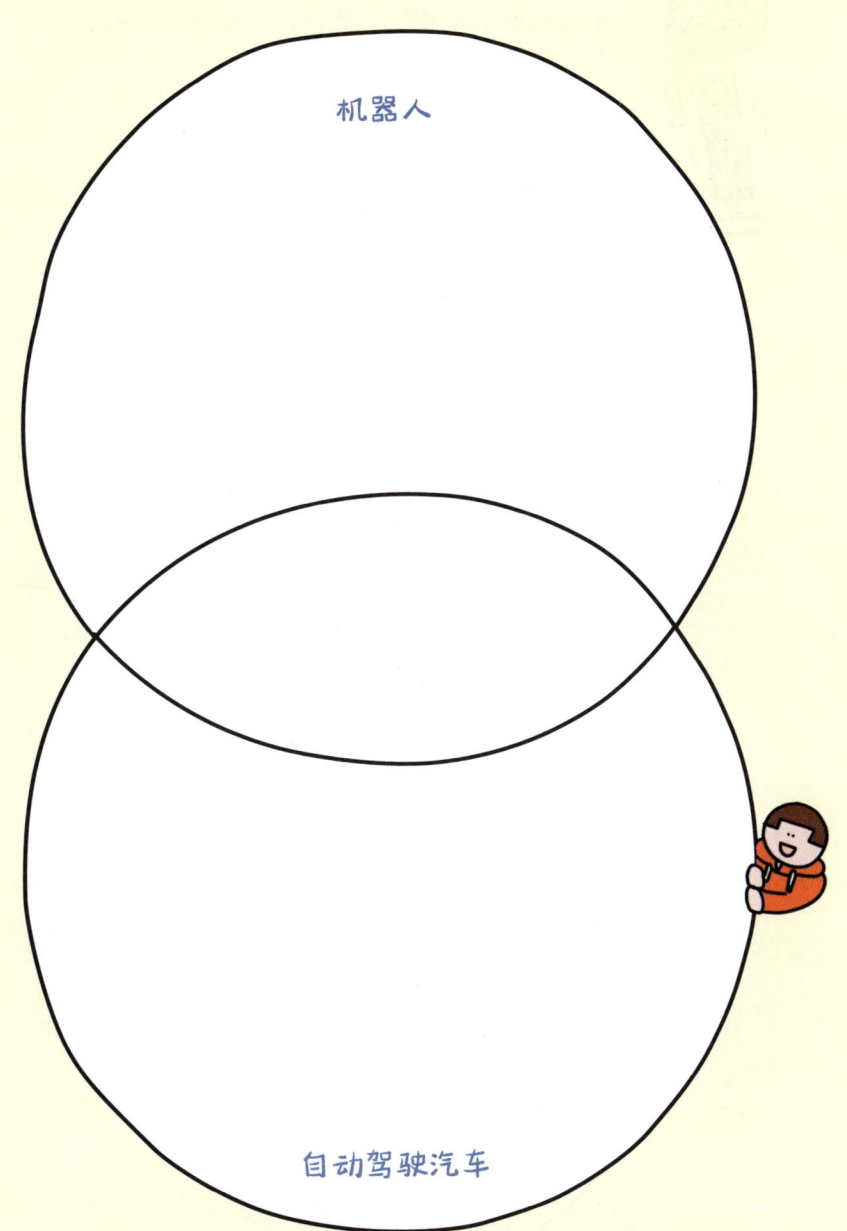

机器人

自动驾驶汽车

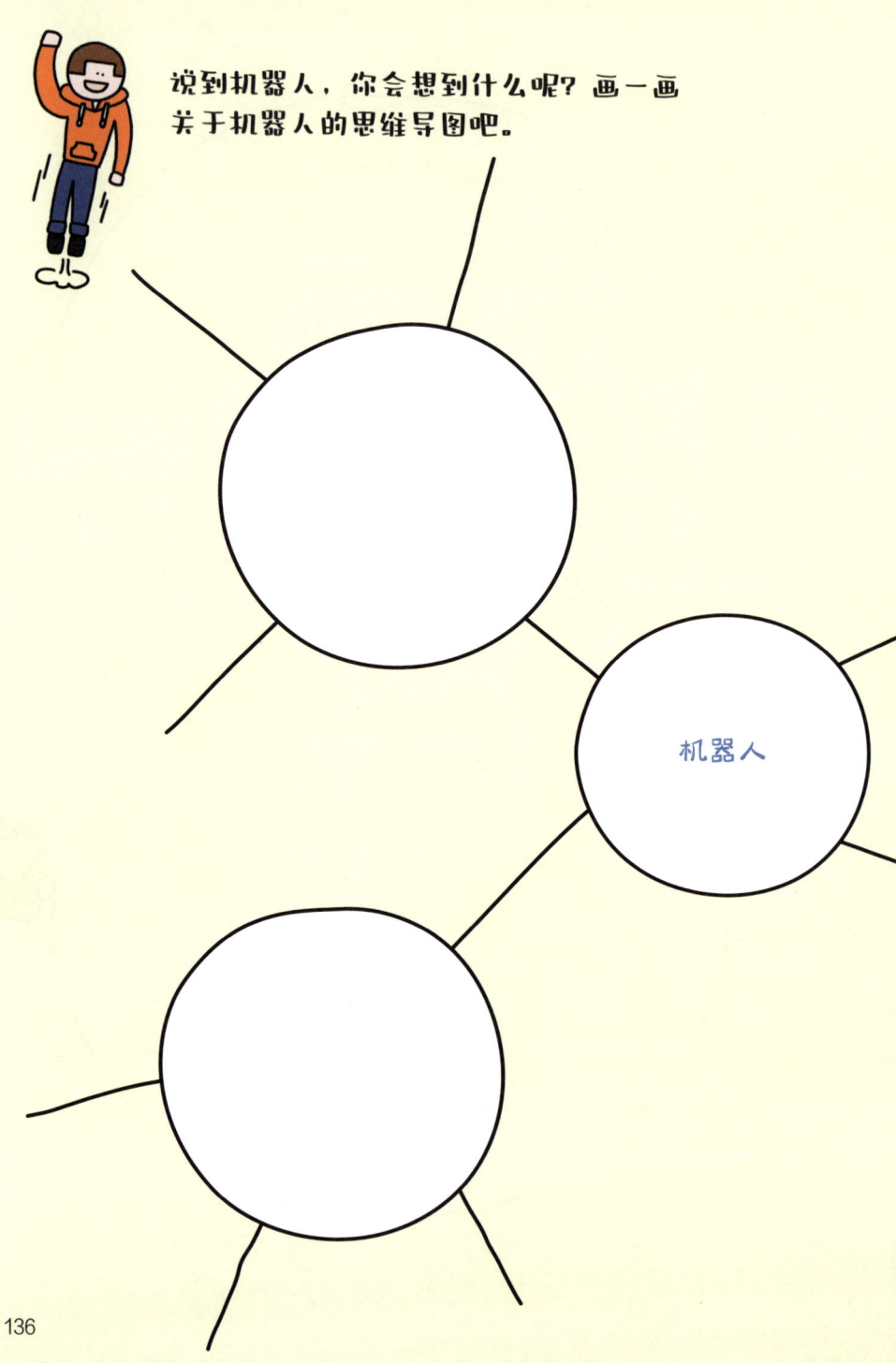

说到机器人，你会想到什么呢？画一画关于机器人的思维导图吧。

机器人

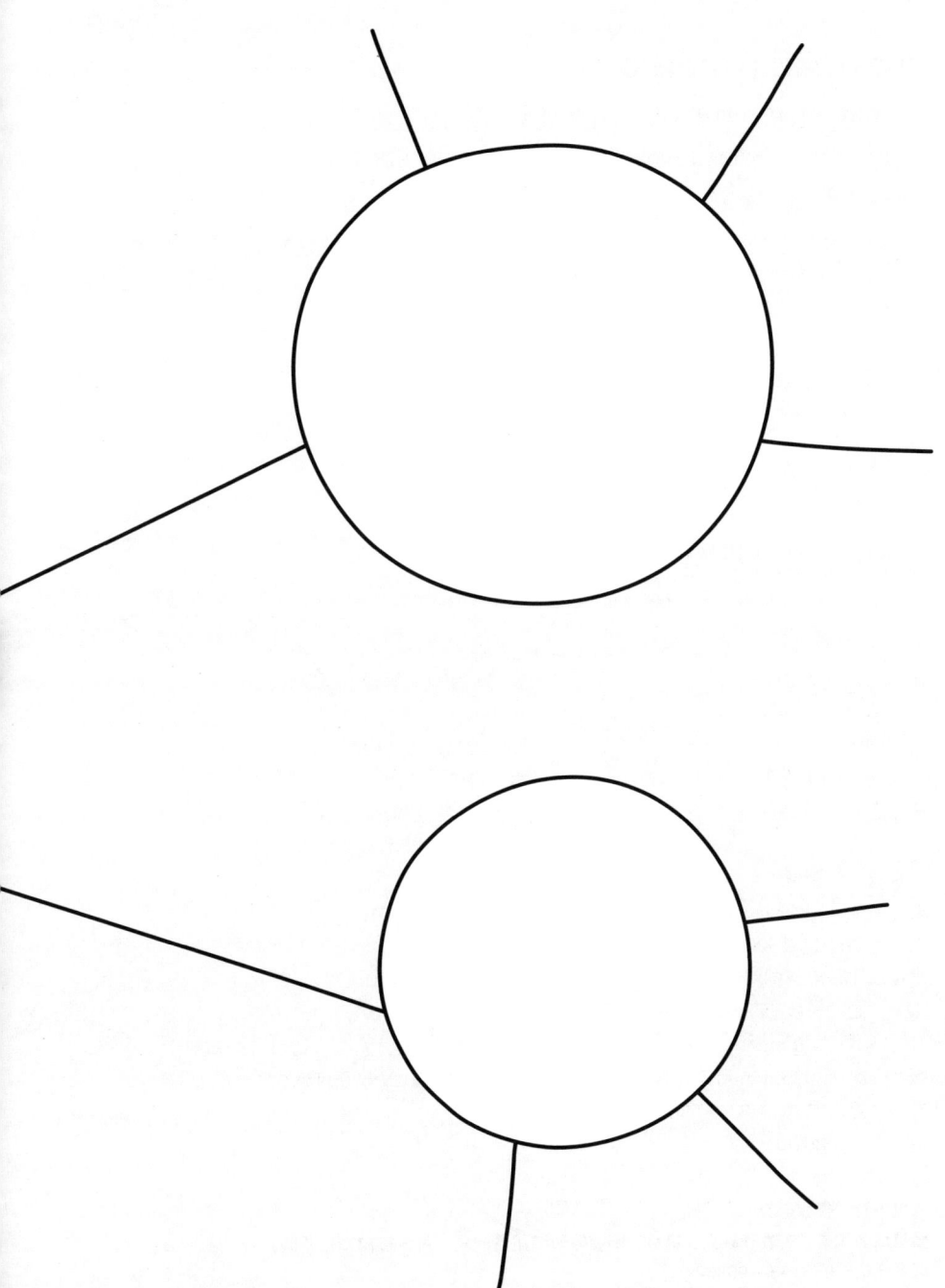

图书在版编目（CIP）数据

超燃新科技．机器人 / 大视野科普，易乐文著绘．
长沙 ： 湖南少年儿童出版社，2025. 5. -- ISBN 978-7
-5562-8188-6

Ⅰ．Z228.1；TP242-49

中国国家版本馆 CIP 数据核字第 2025EB0726 号

超燃新科技·机器人
CHAO RAN XIN KEJI · JIQIREN

出 版 人：刘星保	总 策 划：胡隽宓　罗晓银
策划编辑：吴 蓓	责任编辑：吴 蓓
文字创作：韩载权　崔香淑	图画绘制：杰特梅麓
封面设计：FAWN	内文排版：嘉伟文化
质量总监：阳 梅	营销编辑：罗钢军

出版发行：湖南少年儿童出版社
地　　址：湖南省长沙市晚报大道 89 号　　邮　　编：410016
电　　话：0731-82196320
常年法律顾问：湖南崇民律师事务所　　柳成柱律师
印　　制：长沙新湘诚印刷有限公司
开　　本：889 mm × 1194 mm　1/32　　印　　张：4.5　字　　数：75 千字
版　　次：2025 年 5 月第 1 版　　印　　次：2025 年 5 月第 1 次印刷
书　　号：ISBN 978-7-5562-8188-6
定　　价：25.00 元